Leon Prado

Contrôle Onirique
Manuel du Voyageur des Rêves

Titre original : Oniric Control – The Dream Traveler's Manual
Copyright © 2024/2025, publié par **Luiz Antonio dos Santos ME**
Ce livre est une œuvre de non-fiction explorant les pratiques et les concepts liés à la conscience onirique et aux rêves lucides. À travers une approche complète, l'auteur propose des outils concrets pour éveiller la lucidité, explorer l'univers intérieur et favoriser le développement personnel à travers la maîtrise du rêve.
1ère Édition
Équipe de production
Auteur : **Leon Prado**
Éditeur : **Luiz Santos**
Couverture : Studios Booklas / **Camille Durand**
Conseiller éditorial : **Mathieu Lefèvre**
Chercheurs : **Élise Moreau**, **Thomas Girard**, **Nina Lemoine**
Mise en page : **Jules Beaumont**
Traduction : **Sophie Delatour**

Publication et identification
Contrôle Onirique – Manuel du Voyageur des Rêves
Booklas, 2025
Catégories : Développement personnel / Spiritualité
DDC : **154.6** – CDU : **159.964.4**

Tous droits réservés à :
Luiz Antonio dos Santos ME / Booklas
Aucune partie de ce livre ne peut être reproduite, stockée dans un système de récupération ou transmise sous quelque forme ou par quelque moyen — électronique, mécanique, photocopie, enregistrement ou autre — sans l'autorisation écrite préalable du détenteur des droits d'auteur.

Sumário

Índice Systématique 5
Prologue 11
Chapitre 1 Le Monde des Rêves 15
Chapitre 2 La Nature de la Conscience Onirique 22
Chapitre 3 Les Bienfaits de la Maîtrise des Rêves........................ 27
Chapitre 4 Mythes et Réalités sur les Rêves Lucides 33
Chapitre 5 Le Sommeil et les Cycles des Rêves........................ 39
Chapitre 6 Comment le cerveau crée les rêves 44
Chapitre 7 La Science du Rêve Lucide.................................. 50
Chapitre 8 Rêves dans l'Histoire et la Mythologie.................... 56
Chapitre 9 L'Incubation des Rêves dans les Cultures Antiques. 62
Chapitre 10 Rêves dans les Traditions Spirituelles Orientales .. 67
Chapitre 11 Perspectives Chamaniques et Indigènes sur les Rêves
.... 72
Chapitre 12 Le Rêve Lucide à l'Ère Moderne............................ 79
Chapitre 13 Préparation au Voyage Onirique 86
Chapitre 14 Tenir un Journal de Rêves................................. 92
Chapitre 15 Améliorer la Mémorisation des Rêves 97
Chapitre 16 Signes Oniriques et Schémas Personnels 103
Chapitre 17 Les Tests de Réalité...................................... 108
Chapitre 18 Incubation et Intention Onirique 113
Chapitre 19 L'Induction Mnémonique du Rêve Lucide........... 118
Chapitre 20 La Technique WBTB (Wake Back to Bed) 123
Chapitre 21 L'Induction avec Éveil Conscient...................... 128
Chapitre 22 Autres Techniques et Outils d'Induction 134

Chapitre 23 La Première Expérience de Rêve Lucide 140

Chapitre 24 Garder sa lucidité 146

Chapitre 25 Navigation et Maîtrise de l'Environnement Onirique 151

Chapitre 26 Transformer ses Peurs 157

Chapitre 27 Guérison et Épanouissement Personnel 162

Chapitre 28 Créativité et Résolution de Problèmes 167

Chapitre 29 Exploration Spirituelle dans les Rêves 172

Chapitre 30 Le Yoga du Rêve Tibétain en Pratique 177

Chapitre 31 Expériences Hors du Corps 183

Chapitre 32 Intégrer Rêve et Réalité 189

Chapitre 33 Maîtrise des Rêves et Prochaines Étapes 194

Épilogue 199

Índice Systématique

Capítulo 1: Le Monde des Rêves - Explora a história da relação da humanidade com os sonhos, desde as interpretações antigas até os estudos científicos modernos, destacando a possibilidade de controlar os sonhos através da prática do sonho lúcido.

Capítulo 2: La Nature de la Conscience Onirique - Aborda a diferença entre a consciência no estado de vigília e a consciência onírica, explicando como a lucidez se manifesta no sonho e como ela pode ser cultivada.

Capítulo 3: Les Bienfaits de la Maîtrise des Rêves - Detalha os benefícios de aprender a controlar os sonhos, incluindo a capacidade de superar pesadelos, melhorar a saúde mental, estimular a criatividade e aprimorar habilidades físicas e cognitivas.

Capítulo 4: Mythes et Réalités sur les Rêves Lucides - Desmistifica crenças populares sobre sonhos lúcidos, separando fatos de ficção e abordando questões como segurança, controle e acessibilidade da prática.

Capítulo 5: Le Sommeil et les Cycles des Rêves - Explica as diferentes fases do sono e como elas influenciam a ocorrência de sonhos lúcidos, oferecendo estratégias para otimizar o sono e aumentar a probabilidade de alcançar a consciência onírica.

Capítulo 6: Comment le cerveau crée les rêves - Descreve os processos cerebrais envolvidos na criação dos sonhos, incluindo as áreas responsáveis pelas emoções, memórias e percepções, e como a atividade cerebral difere entre o sono REM e o estado de vigília.

Capítulo 7: La Science du Rêve Lucide - Apresenta as evidências científicas que comprovam a existência do sonho lúcido, desde os primeiros experimentos até as pesquisas modernas em neurociência, demonstrando como esse fenômeno pode ser estudado e induzido.

Capítulo 8: Rêves dans l'Histoire et la Mythologie - Explora o papel dos sonhos em diferentes culturas e períodos históricos, desde as civilizações antigas até as tradições espirituais orientais, mostrando como os sonhos foram interpretados e utilizados ao longo do tempo.

Capítulo 9: L'Incubation des Rêves dans les Cultures Antiques - Descreve a prática da incubação de sonhos em civilizações antigas, como na Grécia e no Egito, onde os sonhos eram utilizados para buscar orientação divina, respostas para dilemas pessoais e curas para doenças.

Capítulo 10: Rêves dans les Traditions Spirituelles Orientales - Explora as visões dos sonhos em tradições espirituais orientais, como o budismo tibetano e o hinduísmo, onde os sonhos são considerados ferramentas para o autoconhecimento, a iluminação e a compreensão da verdadeira natureza da realidade.

Capítulo 11: Perspectives Chamaniques et Indigènes sur les Rêves - Apresenta as perspectivas de culturas indígenas e tradições xamânicas sobre os sonhos, vistos como portais para outras dimensões, meios de comunicação com espíritos e ferramentas para cura e orientação.

Capítulo 12: Le Rêve Lucide à l'Ère Moderne - Aborda a evolução da compreensão e prática dos sonhos lúcidos na era moderna, desde os primeiros relatos até as aplicações terapêuticas e o uso da tecnologia para induzir e estudar esse fenômeno.

Capítulo 13: Préparation au Voyage Onirique - Oferece orientações sobre como se preparar para a prática do sonho lúcido, incluindo a criação de um ambiente adequado, o desenvolvimento de hábitos saudáveis e a adoção de uma mentalidade propícia para induzir a consciência onírica.

Capítulo 14: Tenir un Journal de Rêves - Explica a importância de manter um diário de sonhos para aprimorar a memória onírica, identificar padrões e símbolos recorrentes e aumentar as chances de alcançar a consciência lúcida nos sonhos.

Capítulo 15: Améliorer la Mémorisation des Rêves - Oferece dicas e técnicas para melhorar a capacidade de se lembrar dos sonhos, incluindo a criação de uma intenção clara, o ajuste das práticas de despertar e a atenção à qualidade do sono.

Capítulo 16: Signes Oniriques et Schémas Personnels - Explora a importância de identificar sinais e padrões recorrentes nos sonhos, que podem servir como gatilhos para a consciência onírica e revelar aspectos profundos do subconsciente.

Capítulo 17: Les Tests de Réalité - Descreve a técnica dos testes de realidade, que envolve questionar a própria percepção e realizar verificações para determinar se se está sonhando ou acordado, a fim de desenvolver o hábito de reconhecer o estado onírico.

Capítulo 18: Incubation et Intention Onirique - Explora a prática da incubação de sonhos, que utiliza a intenção e a sugestão para influenciar o conteúdo dos sonhos, permitindo ao sonhador definir objetivos específicos para suas experiências oníricas.

Capítulo 19: L'Induction Mnémonique du Rêve Lucide - Descreve a técnica de indução mnemônica do sonho lúcido (MILD), que utiliza a memória prospectiva e a repetição mental para programar a mente a reconhecer o estado onírico durante o sonho.

Capítulo 20: La Technique WBTB (Wake Back to Bed) - Apresenta a técnica WBTB, que envolve despertar brevemente durante a noite e retornar ao sono em um momento estratégico para aumentar a probabilidade de induzir sonhos lúcidos.

Capítulo 21: L'Induction avec Éveil Conscient - Descreve a técnica de indução de sonhos lúcidos a partir do estado de vigília, mantendo a consciência enquanto o corpo adormece, permitindo uma transição direta para o sonho lúcido.

Capítulo 22: Autres Techniques et Outils d'Induction - Apresenta outras técnicas e ferramentas para induzir sonhos lúcidos, incluindo o uso de estímulos sensoriais, meditação, testes de realidade aprimorados, suplementos e tecnologia.

Capítulo 23: La Première Expérience de Rêve Lucide - Descreve a primeira experiência de um sonho lúcido, abordando as reações emocionais comuns, os desafios de manter a lucidez e as estratégias para estabilizar e prolongar essas experiências.

Capítulo 24: Garder sa lucidité - Oferece técnicas e estratégias para manter a lucidez durante um sonho lúcido, incluindo o controle emocional, o envolvimento sensorial e a interação ativa com o ambiente onírico.

Capítulo 25: Navigation et Maîtrise de l'Environnement Onirique - Explora as técnicas de navegação e controle do ambiente em sonhos lúcidos, incluindo diferentes formas de movimento, manipulação de objetos e transformação de cenários.

Capítulo 26: Transformer ses Peurs - Descreve como os sonhos lúcidos podem ser usados para enfrentar e transformar medos e pesadelos, permitindo ao sonhador adquirir maior controle emocional e autoconfiança.

Capítulo 27: Guérison et Épanouissement Personnel - Explora o uso de sonhos lúcidos para cura emocional e crescimento pessoal, incluindo o contato com emoções reprimidas, o tratamento de traumas, o desenvolvimento da resiliência e a busca por autoconhecimento.

Capítulo 28: Créativité et Résolution de Problèmes - Explora o potencial dos sonhos lúcidos para desbloquear a criatividade e resolver problemas complexos, mostrando como o estado onírico pode inspirar artistas, escritores, músicos e inventores.

Capítulo 29: Exploration Spirituelle dans les Rêves - Aborda a utilização dos sonhos lúcidos como ferramenta de exploração espiritual, permitindo o acesso a estados de consciência expandidos, o encontro com guias espirituais e a busca por respostas a questões existenciais.

Capítulo 30: Le Yoga du Rêve Tibétain en Pratique - Descreve a prática do Yoga do Sonho no budismo tibetano, que utiliza os sonhos lúcidos como um caminho para a iluminação, ensinando a reconhecer a natureza ilusória da realidade e a alcançar um estado de presença plena.

Capítulo 31: Expériences Hors du Corps - Examina o fenômeno das experiências fora do corpo, discutindo as diferenças entre projeção astral e sonhos lúcidos, e explorando as diversas interpretações e implicações dessas experiências.

Capítulo 32: Intégrer Rêve et Réalité - Explora a importância de integrar os ensinamentos dos sonhos lúcidos à vida cotidiana, utilizando a consciência onírica para transformar a percepção da realidade, reconhecer padrões de pensamento e viver com mais presença.

Chapitre 33: Maîtrise des Rêves et Prochaines Étapes - Oferece uma visão geral sobre a jornada de domínio dos sonhos lúcidos, enfatizando a importância da prática contínua, da auto-observação e da exploração consciente do mundo onírico como ferramenta de autoconhecimento e transformação pessoal.

Prologue

Il n'y a pas de mots pour décrire la sensation de contrôler ses rêves. Seuls ceux qui l'ont vécu le savent. Seuls ceux qui ont osé ouvrir les yeux au sein de leur propre esprit comprennent l'ampleur de ce pouvoir. Nous sommes tous enchaînés à une seule réalité – du moins, c'est ce que l'on nous a fait croire. Mais s'il existait un autre chemin ? Un portail caché entre l'endormissement et le réveil, une porte secrète menant à un univers où tout est possible ?

L'esprit humain, cette énigme insondable, fonctionne selon des règles que peu comprennent. À l'état de veille, nous sommes prisonniers de la logique, otages de la gravité, soumis aux lois immuables de la matière. Mais lorsque nos yeux se ferment et que nous plongeons dans les rêves, les chaînes se brisent. Là, le temps est malléable. L'espace se courbe. L'identité se dissout. Pourtant, la plupart des gens traversent ce passage comme des naufragés à la dérive, inconscients de leur propre capacité à prendre la barre et à diriger leur embarcation.

La question centrale n'est pas de savoir s'il est possible de s'éveiller dans le rêve, mais pourquoi ne nous l'a-t-on pas encore enseigné. Les traditions anciennes connaissaient ce secret. Chamans, moines tibétains, prêtres égyptiens et mystiques de toutes les époques ont compris que les rêves sont bien plus que des projections aléatoires de l'esprit – ce sont des cartes vers d'autres dimensions de la conscience. Il y a des millénaires, des techniques ont été développées pour traverser le voile de l'inconscient et conquérir la lucidité au sein même des rêves. Cette connaissance a été transmise comme un secret jalousement gardé, mais elle est parvenue jusqu'à nous. Et elle est là, devant vous, maintenant.

La plupart des rêveurs sont contrôlés par leurs propres rêves. Ils plongent dans des scénarios bizarres, revivent des souvenirs déformés, affrontent des cauchemars et se réveillent en sueur, sans se rendre compte qu'ils auraient pu transformer chacun de ces moments. Le cauchemar terrifiant qui fait battre le cœur à tout rompre peut être transmuté en extase. Le monstre qui poursuit peut s'agenouiller comme un maître en signe de révérence. Le gouffre qui s'ouvre sous les pieds peut se convertir en l'expérience suprême de la liberté : voler. La clé de cette transmutation réside dans la maîtrise de l'esprit onirique.

Avez-vous déjà ressenti cette soudaine clarté à l'intérieur d'un rêve ? Un éclair de conscience où vous avez perçu, ne serait-ce qu'un bref instant, que rien de tout cela n'était réel ? Ce moment fugace, où vous avez presque réussi à diriger les événements, mais où vous vous êtes rapidement perdu dans la brume de l'inconscient ? Cette sensation n'a pas besoin d'être un accident. Elle peut être cultivée, entraînée, perfectionnée jusqu'à devenir un état naturel.

Et lorsque cela se produit, ce qui n'était auparavant qu'un décor confus devient un vaste territoire à explorer. Chaque porte peut mener à un nouvel univers. Chaque pensée peut modeler le paysage. Vous pouvez voler au-dessus de montagnes infinies, créer des villes entières par la force de l'imagination, converser avec de sages ancêtres ou franchir les limites du possible. Dans le rêve lucide, il n'y a pas de barrières. Il n'y a que la volonté – et ce qu'elle peut manifester.

Mais le véritable pouvoir du contrôle onirique va au-delà de l'euphorie de voler ou de créer des mondes. Il touche quelque chose de plus profond. Le subconscient, ce grand architecte de la réalité, opère silencieusement, influençant chaque pensée, chaque choix, chaque émotion. Les rêves sont son langage. En le comprenant, vous ne déverrouillez pas seulement l'univers onirique – vous réécrivez votre propre réalité éveillée. Telle une pierre jetée dans un lac, les changements effectués dans le monde des rêves se répercutent, façonnant votre esprit, vos perceptions et, finalement, votre propre vie.

La science moderne commence à confirmer ce que les anciens savaient déjà : en apprenant à devenir lucide dans vos rêves, vous élargissez votre conscience de soi, renforcez votre créativité, améliorez votre capacité à résoudre des problèmes et accédez à des couches plus profondes de la psyché. Ce que vous apprenez dans le rêve ne reste pas seulement dans le rêve. Il se traduit par une clarté mentale, un équilibre émotionnel et une nouvelle perspective sur le monde éveillé.

Êtes-vous prêt à franchir ce seuil ?

Cette œuvre n'est pas seulement un manuel. C'est une invitation au voyage le plus extraordinaire qu'un être humain puisse entreprendre : l'exploration consciente de son propre esprit. Le chemin a été tracé. Les clés sont ici. La connaissance ancestrale, désormais étayée par la science, attend celui qui désire s'éveiller.

La question n'est plus de savoir si les rêves peuvent être contrôlés, la question est : êtes-vous prêt à prendre ce contrôle ?

Luiz Santos Éditeur

Chapitre 1
Le Monde des Rêves

Le rapport de l'humanité aux rêves traverse les siècles, mêlant mystère, fascination et une quête incessante de compréhension. À travers les époques et les cultures, les rêves ont été interprétés de multiples façons : messages divins, manifestations de l'inconscient, ou même portails vers d'autres réalités. Aujourd'hui, la science a fait des progrès considérables pour tenter de déchiffrer ce phénomène. Pourtant, malgré toute la technologie et les connaissances accumulées, les rêves conservent des secrets insondables. Plus que de simples projections aléatoires de l'esprit endormi, ils représentent un état de conscience qui défie la logique de l'éveil, créant des scénarios, des émotions et des expériences qui semblent parfois aussi réels que la réalité elle-même.

Parmi ces mystères, l'un des plus intrigants est la possibilité de devenir conscient dans son propre rêve. Cette expérience, appelée rêve lucide, ne se limite pas à un phénomène sporadique ou aléatoire, mais bien à une compétence qui peut être cultivée et affinée. Lorsqu'un rêveur prend conscience qu'il est en train de rêver, il acquiert un niveau de contrôle qui lui permet d'explorer cet univers intérieur avec liberté et intention. Il ne s'agit pas seulement de reconnaître le rêve comme un état alternatif de l'esprit, mais aussi d'interagir activement avec lui, de transformer des décors, d'expérimenter des sensations impossibles dans le monde éveillé, et même de chercher des réponses à des questions personnelles profondes. Ce qui était autrefois considéré comme un phénomène rare ou réservé à quelques individus est maintenant largement étudié et accessible à toute personne désireuse d'entraîner son esprit à atteindre cette forme de conscience.

    L'exploration des rêves lucides ouvre les portes à un vaste champ de possibilités, allant de la connaissance de soi à la créativité et à l'épanouissement spirituel. Certaines cultures anciennes reconnaissaient déjà cette pratique comme un outil puissant, tandis que la science moderne commence à dévoiler les mécanismes cérébraux qui rendent cette expérience possible. Comprendre les rêves n'est pas seulement un exercice intellectuel, mais un voyage vers la maîtrise de son propre esprit. La capacité de s'éveiller dans le rêve, de percevoir que tout n'est que le fruit de sa propre imagination et, pourtant, d'être capable de le vivre pleinement, défie les frontières entre le réel et l'illusoire. L'étude et la pratique des rêves lucides offrent non seulement des expériences fascinantes, mais contribuent également à élargir les limites de la conscience humaine, permettant au rêveur de devenir l'architecte de son propre univers onirique.

    Imaginez un instant être dans un rêve et savoir que vous rêvez. Savoir que rien autour de vous n'est réel au sens physique, mais que vous pouvez interagir, transformer les décors, et même voler si vous le souhaitez. Cette expérience, connue sous le nom de rêve lucide, n'est pas seulement possible – c'est une compétence que l'on peut entraîner.

Dans ce livre, nous allons explorer en profondeur comment développer cette capacité. Mais avant cela, il est essentiel de comprendre pourquoi nous rêvons et comment différentes cultures ont perçu les rêves à travers l'histoire. L'objectif de ce chapitre est d'ouvrir les portes à ce voyage, en montrant que maîtriser ses rêves peut être plus qu'un simple passe-temps : cela peut être un outil puissant pour la connaissance de soi, la créativité et même la croissance spirituelle.

Que sont les rêves ?

Rêver est une expérience universelle. Chaque nuit, notre esprit crée des histoires vivantes, souvent absurdes, et nous transporte dans des réalités où les lois de la physique et de la logique deviennent malléables. Mais qu'est-ce qu'un rêve, exactement ?

Du point de vue neuroscientifique, les rêves sont le produit de l'activité cérébrale pendant le sommeil, en particulier pendant la phase de mouvements oculaires rapides (REM). Dans cet état, les zones du cerveau associées à l'émotion et à la mémoire sont très actives, tandis que la partie responsable de la pensée logique – le cortex préfrontal – réduit son activité. Cela explique pourquoi nous acceptons des situations illogiques comme normales dans les rêves.

D'un autre côté, dans diverses cultures, les rêves ont été considérés comme des messages divins, des voyages spirituels ou des portails vers d'autres plans d'existence. Pour les anciens Égyptiens, c'étaient des messages des dieux. Pour les Grecs, un moyen de prédire l'avenir. Pour les chamanes, un pont entre le monde physique et le monde spirituel.

Quelle que soit l'approche, le fait est que les rêves ont un impact significatif sur la psyché humaine. Ils reflètent les peurs, les désirs et les aspects inconscients de l'esprit. Et lorsque nous parvenons à percevoir que nous sommes en train de rêver – en acquérant la lucidité onirique – nous commençons à interagir consciemment avec cet univers, au lieu d'être simplement emportés par lui.

L'idée de contrôler ses propres rêves peut sembler trop fantastique pour certains, mais des études indiquent qu'environ 50% des personnes ont déjà eu au moins un rêve lucide spontané. Cela signifie que cette expérience n'est pas quelque chose de rare ou d'inaccessible, mais plutôt une extension naturelle de la conscience humaine.

Si le cerveau a déjà cette capacité de percevoir qu'il rêve de manière occasionnelle, qu'est-ce qui empêche quelqu'un d'apprendre à le faire délibérément ? La réponse réside dans l'entraînement. Tout comme l'apprentissage d'une nouvelle langue ou d'un instrument de musique, la lucidité onirique peut être développée avec de la pratique et des techniques appropriées.

Avant d'aborder ces techniques – qui seront traitées dans les chapitres suivants –, il est fondamental de préparer l'esprit. Le premier changement de perspective consiste à percevoir que les rêves ne sont pas de simples illusions passagères, mais bien un état légitime de la conscience. Tout comme nous vivons nos heures d'éveil avec attention et intention, nous pouvons également "nous réveiller" dans nos rêves et prendre les rênes de l'expérience.

Ce changement de mentalité est essentiel, car beaucoup de gens traitent les rêves comme quelque chose d'insignifiant, les oubliant au réveil. Mais ceux qui développent la capacité de se souvenir, d'analyser et d'interagir avec leurs rêves découvrent un nouveau monde de possibilités.

La quête de la compréhension des rêves n'est pas récente. Depuis des temps immémoriaux, différentes civilisations ont reconnu leur importance. Les Sumériens, la première grande civilisation de l'histoire, enregistraient déjà des rêves sur des tablettes d'argile il y a plus de 4000 ans. Les anciens Égyptiens avaient des prêtres spécialisés dans l'interprétation des rêves, croyant qu'ils apportaient des messages des dieux.

Dans la Grèce antique, des temples de guérison connus sous le nom d'incubatoires de rêves étaient des lieux où les gens dormaient dans l'espoir de recevoir des révélations divines. Aristote a été l'un des premiers à suggérer que les rêves pouvaient être générés par l'esprit, et non pas seulement envoyés par des entités supérieures.

Dans la tradition bouddhiste tibétaine, la pratique du Yoga du Rêve enseigne que reconnaître l'illusion des rêves peut aider à percevoir l'illusion de la réalité, favorisant un état de conscience plus élevé.

Au fil des siècles, cette dualité entre la vision mystique et scientifique des rêves a persisté. Mais avec les progrès de la neuroscience, de nombreuses croyances anciennes ont commencé à trouver un écho dans la science. Aujourd'hui, nous savons que les rêves ont des fonctions essentielles pour l'esprit, comme consolider les souvenirs, traiter les émotions et même simuler des scénarios futurs.

La capacité de devenir conscient dans un rêve n'est pas seulement une curiosité scientifique ou un tour de passe-passe mental – elle peut apporter des avantages réels.

Les cauchemars peuvent être des expériences angoissantes, mais dans un rêve lucide, le rêveur peut les affronter sans crainte, car il sait que rien ne peut le blesser. Cela peut aider à surmonter les traumatismes et l'anxiété.

De nombreux artistes, écrivains et inventeurs rapportent avoir eu des idées novatrices en rêve. Salvador Dalí, par exemple, utilisait des techniques pour capturer des images oniriques et les incorporer dans son art. Dans les rêves lucides, cette exploration créative devient encore plus puissante.

Les rêves reflètent des contenus profonds de l'esprit. En interagissant consciemment avec eux, nous pouvons explorer des aspects de notre moi intérieur, comprendre des émotions refoulées et obtenir des aperçus sur notre vie.

Dans un rêve lucide, les lois de la physique ne s'appliquent pas. Nous pouvons voler, traverser les murs, visiter des lieux exotiques et créer des mondes entiers à notre guise. C'est une expérience de liberté absolue.

Contrairement à ce que certains pourraient penser, s'entraîner aux rêves lucides ne nuit pas au repos – cela peut même l'améliorer. Des études montrent que les rêveurs lucides développent une relation plus positive avec le sommeil, réduisant l'incidence des cauchemars et favorisant un repos plus réparateur.

Ce livre ne se contentera pas de vous apprendre à induire des rêves lucides, mais vous montrera également comment les utiliser au mieux. Nous explorerons les fondements du sommeil et de la conscience, ainsi que des techniques pratiques pour atteindre la lucidité, la stabiliser et tirer le meilleur parti de chaque expérience onirique.

Dans les prochains chapitres, nous plongerons plus profondément dans la nature de la conscience onirique, nous comprendrons la différence entre un rêve ordinaire et un rêve lucide, et nous verrons comment la science confirme ce phénomène.

Le voyage qui commence ici ne concerne pas seulement le contrôle des rêves – il s'agit d'élargir la conscience et de découvrir qu'il y a bien plus dans l'univers de l'esprit que nous ne l'imaginons.

Si vous avez déjà rêvé que vous voliez, que vous exploriez des terres inconnues ou que vous parliez à des figures mystérieuses, vous avez peut-être ressenti un aperçu du potentiel illimité qu'offrent les rêves. Imaginez maintenant pouvoir le faire consciemment, chaque fois que vous le désirez.

Chapitre 2
La Nature de la Conscience Onirique

Pour comprendre ce que signifie être conscient dans un rêve, il faut d'abord saisir ce qu'est la conscience elle-même. À l'état de veille, nous sommes habitués à percevoir le monde de manière continue, à analyser les informations, à prendre des décisions et à réfléchir sur notre propre existence. Cependant, lorsque nous dormons, cette clarté disparaît et l'esprit se livre à des récits oniriques que nous acceptons sans les remettre en question, aussi absurdes soient-ils.

La conscience onirique diffère de la conscience éveillée. Dans un rêve ordinaire, nous suivons le cours des événements sans nous rendre compte que nous rêvons. Le décor peut changer subitement, des personnages peuvent surgir de nulle part, le temps peut se distordre – et pourtant, notre esprit accepte tout comme normal. Cela se produit parce que, dans l'état de sommeil, le cerveau fonctionne différemment. Le cortex préfrontal, responsable de la pensée critique et du raisonnement logique, réduit son activité, tandis que les zones associées à l'émotion et à la mémoire deviennent plus actives. Cela rend le rêve réel et immersif, mais explique aussi pourquoi nous remettons rarement en question sa véracité tant que nous y sommes plongés.

Quand on parle de rêves lucides, on parle d'un phénomène qui se produit lorsque la partie critique du cerveau se remet à fonctionner au sein même du rêve. Soudain, le rêveur prend conscience de l'illusion et retrouve la capacité de questionner ce qu'il voit autour de lui. Cet éveil intérieur ne signifie pas nécessairement un contrôle total de l'expérience onirique, mais c'en est la première étape. Il est possible d'être lucide dans un rêve sans pour autant parvenir à le modeler facilement. Dans bien des cas, la personne réalise qu'elle rêve, mais continue d'être emportée par le scénario du rêve, sans intervenir activement.

L'expérience de la lucidité varie d'une personne à l'autre. Certaines rapportent un soudain moment de clarté, comme si un voile se levait, tandis que d'autres entrent dans un état de lucidité progressive, où la réalité du rêve devient de plus en plus évidente. Quel que soit le chemin, l'important est de reconnaître que le simple fait d'être conscient dans le rêve change complètement l'expérience. Le rêveur cesse d'être un spectateur passif et devient un participant actif.

Des recherches montrent qu'environ la moitié de la population a déjà eu au moins un rêve lucide spontané au cours de sa vie. Cela suggère que la conscience onirique n'est pas une capacité rare, mais plutôt une extension naturelle de l'esprit humain. Cependant, la fréquence de ces rêves varie considérablement d'une personne à l'autre. Certaines en font régulièrement, tandis que d'autres n'en font qu'occasionnellement. La bonne nouvelle, c'est qu'avec de la pratique et des techniques appropriées, chacun peut apprendre à induire des rêves lucides plus fréquemment.

La distinction entre un rêve ordinaire et un rêve lucide peut sembler claire en théorie, mais en pratique, la frontière entre les deux états n'est pas toujours aussi nette. Il y a des moments où un rêveur peut avoir une vague idée qu'il est en train de rêver, mais sans la clarté totale pour agir avec intention. D'autres fois, la lucidité peut ne durer que quelques secondes avant que la personne ne se perde à nouveau dans le récit du rêve.

Le cerveau humain est très plastique, et l'entraînement à la lucidité onirique suit des principes similaires au développement de toute autre aptitude mentale. Tout comme nous pouvons entraîner notre mémoire ou notre attention, nous pouvons entraîner notre esprit à reconnaître des schémas dans les rêves et à s'y éveiller. Pour cela, il est essentiel de commencer à prêter davantage attention à sa propre activité onirique. Tenir un journal de rêves, par exemple, est l'une des premières étapes du processus. En enregistrant régulièrement ses rêves, le cerveau commence à percevoir que ce contenu est pertinent, augmentant naturellement la capacité à se souvenir et à analyser les événements nocturnes.

De plus, comprendre la différence entre la conscience éveillée et la conscience onirique nous aide à réaliser que l'état de veille peut également être remis en question. Au quotidien, nous fonctionnons souvent en pilote automatique, sans nous rendre compte des détails qui nous entourent. En entraînant notre perception de la réalité pendant la veille, cette attention se transfère au monde des rêves, facilitant la lucidité onirique.

L'un des concepts fondamentaux de ce processus est la relation entre le conscient et le subconscient. À l'état de veille, le conscient domine la prise de décision, mais dans le rêve, le subconscient prend le contrôle, créant des scénarios, des personnages et des événements sans que nous ayons d'influence directe sur eux. Lorsque nous acquérons la lucidité dans un rêve, nous réunissons essentiellement ces deux états, apportant la clarté du conscient au territoire de l'inconscient. Cette intégration peut avoir des effets profonds, permettant au rêveur d'explorer sa propre psyché de manière unique.

Un autre aspect intéressant de la conscience onirique est que, contrairement à ce que beaucoup imaginent, il ne s'agit pas seulement d'un phénomène ésotérique ou subjectif. Depuis les années 1980, des recherches scientifiques ont démontré que le rêve lucide est un état vérifiable. Des études menées par des chercheurs comme Stephen LaBerge ont prouvé que les rêveurs lucides peuvent communiquer avec le monde extérieur pendant leur sommeil, en bougeant les yeux d'une manière prédéterminée dans le rêve. Ces expériences ont montré que la lucidité onirique n'est pas seulement une impression subjective, mais un état mesurable du cerveau.

Comprendre comment la conscience se comporte dans les rêves nous aide également à surmonter les mythes sur le sujet. Certaines personnes croient qu'il est possible de rester "coincé" dans un rêve lucide ou que l'expérience peut être dangereuse d'une manière ou d'une autre, mais ces préoccupations n'ont aucun fondement réel. Le cerveau revient toujours naturellement à l'état de veille, et la lucidité dans le rêve n'altère pas le fonctionnement normal du sommeil.

La conscience onirique présente également des degrés de profondeur. Parfois, la lucidité est légère et fragmentée, le rêveur oscillant entre clarté et confusion. D'autres fois, la lucidité est intense, l'individu percevant chaque détail du rêve avec une extrême netteté. Cette variation dépend de divers facteurs, tels que le niveau d'expérience, l'état émotionnel et la qualité du sommeil.

Entraîner cette capacité demande de la patience, mais les bénéfices sont immenses. Dès que l'esprit commence à reconnaître l'état onirique comme un espace malléable et conscient, les possibilités s'élargissent. Le rêve cesse d'être un phénomène passif et devient un environnement d'exploration, d'apprentissage et de découverte.

Dans les prochaines étapes de ce voyage, nous verrons comment la pratique de la lucidité peut apporter des avantages concrets, de la surmonte des peurs à l'amélioration de la créativité. Plus nous comprenons la nature de la conscience onirique, plus nous nous rapprochons de la possibilité de modeler nos rêves selon notre volonté. Et en maîtrisant nos rêves, nous commençons à percevoir que, à bien des égards, nous pouvons aussi modeler notre réalité éveillée.

Chapitre 3
Les Bienfaits de la Maîtrise des Rêves

La maîtrise des rêves ne se limite pas à une simple fascination ; elle transforme en profondeur la relation que nous entretenons avec notre esprit et nos émotions. La capacité de s'éveiller au sein même de ses rêves, de reconnaître l'illusion onirique et d'interagir consciemment avec elle offre des avantages qui transcendent la simple curiosité. En prenant le contrôle de ses rêves, on acquiert un nouveau niveau d'influence sur ses expériences intérieures, développant ainsi des compétences qui peuvent avoir un impact positif sur la vie éveillée. De la guérison des traumatismes et des peurs à l'épanouissement de la créativité et du bien-être émotionnel, les rêves lucides se révèlent être un outil puissant de connaissance de soi et d'expansion de la conscience.

L'un des atouts majeurs du rêve lucide réside dans son efficacité à surmonter les cauchemars récurrents. Pour beaucoup, les rêves angoissants sont une source de stress et d'anxiété, affectant la qualité du sommeil et, par conséquent, la vie quotidienne. Cependant, en devenant lucide au cœur d'un cauchemar, le rêveur peut transformer le scénario menaçant, affronter directement sa peur ou même se réveiller à volonté. Ce processus engendre un sentiment d'autonomie et de résilience qui s'étend au-delà du monde onirique, aidant l'individu à faire face aux défis et aux angoisses de la vie réelle avec une confiance et une maîtrise émotionnelle accrues. De plus, la possibilité d'interagir consciemment avec le subconscient dans un environnement onirique offre un moyen unique de traiter les émotions refoulées, favorisant ainsi une guérison psychologique naturelle et intuitive.

Un autre aspect fascinant du rêve lucide est son influence sur le développement de la créativité et l'amélioration des compétences. Lorsqu'il rêve, le cerveau fonctionne sans les contraintes imposées par la logique et la rationalité de l'état de veille, permettant ainsi l'émergence d'idées originales et de solutions novatrices à des problèmes complexes. Artistes, scientifiques et inventeurs rapportent fréquemment des moments d'inspiration survenus pendant leur sommeil, et la lucidité onirique amplifie cette capacité en permettant au rêveur d'explorer délibérément des scénarios, des concepts et des possibilités illimités. En outre, des études indiquent que le cerveau active des schémas neuronaux similaires à ceux de la pratique réelle lorsqu'il répète des activités motrices dans les rêves, rendant ainsi possible l'entraînement efficace à des compétences telles que jouer d'un instrument, pratiquer un sport ou préparer des présentations. En apprenant à naviguer consciemment dans l'univers onirique, le rêveur non seulement vit des expériences extraordinaires, mais renforce également son esprit, améliore la qualité de son sommeil et acquiert une nouvelle perspective sur sa propre réalité.

L'un des impacts les plus immédiats du rêve lucide est la capacité à gérer les cauchemars. Pour de nombreuses personnes, les cauchemars récurrents sont une source d'angoisse, de privation de sommeil et d'anxiété. Lorsque l'on apprend à reconnaître que l'on est en train de rêver au milieu d'un cauchemar, la situation change radicalement. Au lieu d'être une victime passive des événements oniriques, le rêveur acquiert l'autonomie nécessaire pour affronter la menace, modifier le décor ou simplement se réveiller. La sensation de pouvoir prendre le contrôle à l'intérieur du rêve peut être extrêmement libératrice, réduisant progressivement la fréquence des cauchemars et favorisant un sommeil plus paisible.

Au-delà de l'aide à la gestion des cauchemars, les rêves lucides ont également un impact direct sur la santé mentale. Le simple fait de percevoir et d'interagir consciemment avec son propre monde onirique développe un niveau supérieur de connaissance de soi. Le subconscient exprime les émotions refoulées et les conflits internes à travers les rêves, et lorsque nous sommes lucides, nous avons l'opportunité d'explorer ces contenus avec conscience. De nombreuses personnes rapportent que leurs rêves lucides sont devenus une sorte de thérapie intérieure, leur permettant de confronter leurs peurs, de traiter leurs émotions et de trouver des réponses à leurs dilemmes personnels.

La créativité est également amplifiée dans le rêve lucide. Dans l'état onirique, les règles de la logique conventionnelle sont suspendues, et le cerveau est capable de créer des scénarios, des personnages et des situations entièrement nouveaux, sans les limitations de la pensée linéaire. Artistes, écrivains, musiciens et inventeurs peuvent utiliser le rêve lucide comme un espace expérimental où les idées circulent librement. De nombreux créateurs affirment que des solutions novatrices à des problèmes complexes ont émergé de moments de clarté au sein d'un rêve. Salvador Dalí, par exemple, utilisait des états de rêve pour visualiser des images surréalistes, tandis que Nikola Tesla rapportait réaliser des expériences mentales pendant son sommeil. Le rêve lucide permet à cette exploration créative de devenir délibérée, offrant un laboratoire interne pour tester des idées, visualiser des concepts et développer des projets sans les contraintes du monde physique. Un autre avantage fascinant de la conscience onirique est l'amélioration des compétences motrices. Des recherches indiquent que le cerveau, en simulant des activités dans un rêve, active des schémas neuronaux similaires à ceux de la pratique réelle. Cela signifie que les rêveurs lucides peuvent utiliser cet état pour répéter des mouvements physiques, comme jouer d'un instrument, pratiquer un sport ou même répéter une présentation. Les athlètes de haut niveau explorent déjà des techniques de visualisation mentale pour améliorer leurs performances, et les rêves lucides portent cette pratique à un niveau encore plus profond.

  La qualité du sommeil peut également s'améliorer avec la pratique des rêves lucides. Certaines personnes craignent que la lucidité onirique ne perturbe le repos, mais, en réalité, c'est le contraire qui se produit. Avoir une relation plus consciente avec le sommeil aide à réduire l'insomnie et l'anxiété nocturne. Lorsqu'un individu apprend à reconnaître les schémas de son propre cycle de sommeil et à interagir positivement avec ses rêves, il a tendance à dormir plus paisiblement et à se réveiller plus reposé. De plus, la pratique du rêve lucide peut accroître le sentiment de contrôle sur sa propre vie, réduisant ainsi le stress et favorisant un équilibre mental.

L'expérience d'explorer consciemment le monde des rêves peut également être profondément transformatrice sur le plan philosophique et existentiel. Lorsque l'on réalise que l'on peut modifier la réalité d'un rêve par son intention et son attente, on commence à se demander dans quelle mesure sa propre réalité éveillée est aussi fixe qu'elle le paraît. Ce questionnement peut conduire à des réflexions sur la nature de l'esprit, de la perception et même de l'identité. De nombreuses traditions spirituelles utilisent les rêves lucides comme partie intégrante de pratiques d'expansion de la conscience, explorant l'intersection entre les états de veille et de rêve pour comprendre la véritable nature de la réalité.

Au-delà des avantages individuels, il y a aussi l'aspect social et culturel du rêve lucide. Tout au long de l'histoire, différentes traditions et philosophies ont exploré les rêves comme un moyen d'obtenir des connaissances ou de se connecter à quelque chose de plus grand. Aujourd'hui, la science et la spiritualité commencent à converger dans ce domaine, et des groupes d'étude sur les rêves lucides se développent dans des communautés du monde entier. Partager des expériences, échanger des techniques et discuter de découvertes avec d'autres personnes intéressées par le sujet peut renforcer davantage l'apprentissage et la pratique de la lucidité onirique.

En prenant conscience de l'étendue des bienfaits que le rêve lucide peut apporter, il devient évident que cette compétence va bien au-delà d'un simple passe-temps. Elle est une porte d'entrée vers une nouvelle façon d'interagir avec son propre esprit, favorisant l'épanouissement personnel, la créativité et le bien-être. Et, tout au long de ce voyage, nous apprendrons à entraîner cette capacité de manière systématique, étape par étape, jusqu'à ce qu'elle devienne une aptitude naturelle, disponible à tout moment pour le rêveur qui le souhaite.

Chapitre 4
Mythes et Réalités sur les Rêves Lucides

La compréhension des rêves lucides a souvent été déformée par des croyances populaires, des récits sensationnalistes et des représentations fictives. Bien que l'expérience de s'éveiller au sein d'un rêve soit profondément transformatrice, elle n'a rien de surnaturel ou de dangereux. Il s'agit en réalité d'un phénomène naturel de l'esprit humain, accessible à toute personne désireuse de s'y entraîner. Distinguer les mythes des vérités concernant les rêves lucides est essentiel pour dissiper les craintes infondées et établir une base solide pour leur étude et leur pratique.

L'une des idées fausses les plus répandues est qu'un rêve peut causer des dommages physiques réels, comme la mort ou un traumatisme irréversible. Cette croyance, souvent renforcée par des récits fictifs, ne trouve aucun fondement scientifique. Le cerveau possède des mécanismes naturels de protection qui garantissent le réveil lorsqu'une expérience onirique devient trop intense. De même, la peur de rester "coincé" dans un rêve lucide ne tient pas, car le cycle du sommeil suit son cours normal, menant naturellement au réveil. Même dans les cas de faux réveils, où le rêveur croit s'être réveillé dans un nouveau rêve, la conscience finit par revenir à l'état de veille sans aucun préjudice.

Un autre mythe récurrent est l'idée que les rêves lucides offrent un contrôle absolu sur le scénario et les événements oniriques. Bien qu'il soit possible d'exercer une influence sur le rêve, le subconscient continue de jouer un rôle actif dans la construction de l'expérience. Le niveau de contrôle varie d'une personne à l'autre et peut être amélioré avec la pratique. De plus, la croyance selon laquelle les rêves lucides sont une capacité réservée à quelques élus est également erronée. Tout individu peut développer cette aptitude grâce à des techniques spécifiques, devenant ainsi de plus en plus habile à reconnaître ses rêves et à interagir consciemment avec eux. Séparer le fantasme de la réalité permet une approche plus objective et productive du phénomène, transformant les rêves lucides en un outil pratique de connaissance de soi, de créativité et de bien-être mental.

L'un des mythes les plus répandus est l'idée que mourir dans un rêve peut entraîner la mort réelle. Cette croyance est probablement née de récits de personnes qui se sont réveillées en sursaut de rêves intenses, mais il n'existe aucune preuve scientifique qu'un rêve, aussi vivant soit-il, puisse causer des dommages physiques directs. Ce qui peut se produire, c'est une réaction physiologique intense – accélération du rythme cardiaque, transpiration, tension musculaire –, en particulier dans les cauchemars, mais cela ne signifie pas qu'il y ait un risque réel pour la santé. Au moment où le cerveau perçoit un état de stress extrême, il se réveille naturellement, assurant la sécurité du rêveur.

Une autre peur courante est celle de rester prisonnier d'un rêve lucide, incapable de se réveiller. Cette idée a été popularisée par des films et des histoires de fiction, mais elle n'a aucun fondement réel. Le sommeil suit des cycles naturels et, quelle que soit l'expérience vécue dans le rêve, le corps retournera toujours à l'état de veille au moment approprié. Même dans les situations où la lucidité se prolonge sur une longue période, il existe une limite naturelle, car le cerveau ne maintient pas indéfiniment le sommeil paradoxal. Dans de rares cas, un phénomène connu sous le nom de "faux réveil" peut se produire, dans lequel la personne rêve qu'elle s'est réveillée, mais se trouve toujours à l'intérieur du rêve. Cependant, en réalisant l'incohérence de l'environnement, le rêveur se réveille rapidement pour de bon.

Au-delà des peurs infondées, il existe également des exagérations sur le niveau de contrôle qu'un rêve lucide offre. Certaines personnes croient qu'en devenant lucides, elles auront immédiatement un contrôle absolu sur tout ce qui se passe dans le rêve, pouvant modifier les décors et les personnages d'une simple pensée. Bien qu'il soit possible de modifier des éléments du rêve, cela ne se produit pas toujours instantanément ou de la manière espérée. Le subconscient a encore un rôle actif dans la création de l'environnement onirique, et de nombreux facteurs influencent la facilité de manipulation. Dans certains cas, le rêveur lui-même doit entraîner sa capacité d'influence au fil du temps.

Certains associent également les rêves lucides à quelque chose de surnaturel, les considérant comme des expériences mystiques impliquant des dimensions parallèles ou une communication avec les esprits. Cette interprétation varie en fonction des croyances personnelles, mais d'un point de vue scientifique, les rêves lucides sont des processus naturels du cerveau, résultant de l'activation de certaines zones de l'esprit pendant le sommeil paradoxal. Le fait qu'il s'agisse d'expériences vives et intenses peut donner l'impression qu'elles dépassent l'esprit individuel, mais il n'y a aucune preuve qu'elles impliquent autre chose que la psyché du rêveur.

Un autre mythe fréquent est que seules quelques personnes spéciales peuvent avoir des rêves lucides. La réalité est que toute personne dotée d'un cerveau fonctionnel a le potentiel de les développer. Bien que certaines personnes aient des rêves lucides spontanés plus fréquemment que d'autres, cela ne signifie pas qu'il s'agisse d'une capacité restreinte. Tout comme l'apprentissage d'une langue ou la pratique d'un instrument de musique, la lucidité onirique peut être cultivée avec de la pratique et de la persévérance. Des techniques spécifiques augmentent considérablement la probabilité de devenir conscient à l'intérieur d'un rêve, et avec le temps, l'expérience devient plus accessible et naturelle.

Il y a aussi ceux qui croient que les rêves lucides peuvent être préjudiciables à la santé mentale. Cette préoccupation peut venir de l'idée que jouer avec la perception de la réalité dans les rêves peut troubler l'esprit au réveil. Cependant, les études n'indiquent aucune association entre la pratique du rêve lucide et les troubles psychologiques. Au contraire, dans de nombreux cas, les rêves lucides sont utilisés comme outils thérapeutiques pour aider les gens à gérer les traumatismes, les peurs et les cauchemars récurrents. La seule réserve émise par les spécialistes est que, comme pour toute activité mentale intense, il est important de maintenir un équilibre et de garantir un sommeil sain, sans sacrifier la qualité du repos pour rechercher la lucidité à tout prix.

Au cours des dernières décennies, la science s'est consacrée à l'étude des rêves lucides avec des méthodes rigoureuses. Des expériences menées par des chercheurs comme Stephen LaBerge ont démontré que les rêveurs lucides peuvent communiquer avec le monde extérieur pendant leur sommeil, en utilisant des mouvements oculaires préalablement convenus. Ces études ont contribué à valider l'existence de la lucidité onirique et à démystifier l'idée qu'il s'agirait de quelque chose d'ésotérique ou d'imaginaire. Les avancées en neuro-imagerie ont également montré que, lorsqu'une personne devient consciente dans un rêve, il y a une activation des zones préfrontales du cerveau, ce qui différencie cet état des rêves normaux.

Au vu de ces faits, il devient évident que le rêve lucide n'est ni un phénomène dangereux, ni une capacité réservée à quelques-uns, ni une expérience surnaturelle. C'est une capacité naturelle de l'esprit humain, qui peut être entraînée et utilisée de manière productive. En clarifiant ces mythes, le chemin est plus ouvert pour explorer les techniques et les pratiques qui permettront au rêveur d'accéder à cet état plus fréquemment et avec plus de contrôle. Avec une compréhension correcte, le rêve lucide cesse d'être un mystère entouré de peurs et devient un outil fascinant d'exploration de la conscience.

Chapitre 5
Le Sommeil et les Cycles des Rêves

Le sommeil, loin d'être un état uniforme de repos, est un processus complexe et dynamique qui influence directement notre façon de rêver et notre capacité à développer des rêves lucides. Plus qu'une simple période d'inactivité, le sommeil est structuré en cycles qui régulent tout, de la récupération physique à la consolidation de la mémoire et à l'organisation des expériences émotionnelles. Chacun de ces stades joue un rôle fondamental dans la qualité des rêves, et comprendre cette structure permet d'utiliser le sommeil de manière stratégique pour favoriser la lucidité onirique.

Le cycle du sommeil, qui se répète plusieurs fois au cours de la nuit, est composé de différentes phases, divisées entre sommeil lent (non paradoxal) et sommeil paradoxal (REM, pour "Rapid Eye Movement"). Pendant le sommeil lent, le corps passe par une séquence progressive de relaxation et de récupération, allant de la transition initiale entre veille et sommeil jusqu'au stade le plus profond, essentiel à la restauration de l'organisme. Dans cette phase, l'activité cérébrale diminue considérablement, rendant les rêves moins fréquents et fragmentés. En revanche, le sommeil paradoxal est le moment où le cerveau devient très actif, produisant des rêves vifs et élaborés. C'est à ce stade que la lucidité onirique devient la plus probable, car l'esprit fonctionne selon des schémas similaires à ceux de l'état de veille, mais sans l'interférence des stimuli externes qui limitent la perception pendant la veille.

Maîtriser les cycles du sommeil permet d'optimiser le temps et les conditions pour la pratique des rêves lucides. La durée du sommeil paradoxal augmente progressivement au cours de la nuit, rendant les dernières heures de repos idéales pour atteindre la conscience dans le rêve. Des techniques telles que le réveil programmé et l'interruption brève du sommeil avant de se rendormir peuvent augmenter considérablement les chances de lucidité. De plus, des habitudes saines – comme maintenir des horaires de sommeil réguliers, réduire les stimuli artificiels avant de dormir et noter ses rêves au réveil – renforcent la connexion entre l'esprit conscient et le monde onirique. En alignant la connaissance des cycles du sommeil avec des techniques appropriées, le rêveur peut transformer l'acte de dormir en une expérience plus riche, exploratoire et profondément révélatrice.

Le sommeil est composé de cycles d'environ 90 minutes, au cours desquels le cerveau traverse différentes phases. Ces phases peuvent être divisées en sommeil lent et sommeil paradoxal. Le sommeil lent, quant à lui, est subdivisé en trois stades. Au premier stade, la transition entre la veille et le sommeil s'opère, un état léger où la conscience oscille encore. Au deuxième stade, le corps se détend plus profondément et l'activité cérébrale diminue, se préparant aux phases ultérieures. Le troisième stade est le sommeil profond, essentiel à la restauration physique, au renforcement du système immunitaire et à la récupération musculaire. Pendant cette phase, l'activité cérébrale est minimale et les rêves sont rares et fragmentés.

Le stade le plus important pour les rêves lucides est le sommeil paradoxal. C'est à ce moment que l'activité cérébrale s'intensifie, atteignant des niveaux similaires à ceux de la veille. Les yeux bougent rapidement sous les paupières, les muscles sont paralysés pour éviter que le corps ne reproduise les mouvements des rêves, et l'esprit entre dans un état hautement imaginatif. La plupart des rêves se produisent à ce stade, et c'est là que la lucidité devient la plus probable. Au début de la nuit, les périodes de sommeil paradoxal sont courtes, mais au fur et à mesure que les cycles avancent, elles deviennent plus longues et plus fréquentes, la plus longue se produisant dans les dernières heures avant le réveil.

Ce schéma explique pourquoi certaines techniques d'induction du rêve lucide impliquent de se réveiller au milieu de la nuit et de se rendormir à un moment stratégique. Interrompre le sommeil juste avant une période de sommeil paradoxal augmente les chances d'entrer dans ce stade consciemment. De plus, dormir suffisamment longtemps est essentiel, car une personne ayant un sommeil court ou interrompu finit par manquer les périodes de sommeil paradoxal les plus longues, réduisant ainsi considérablement les opportunités de rêve lucide.

La régulation du sommeil influence également directement la capacité à se souvenir des rêves. Les personnes qui dorment peu ou ont des habitudes de sommeil irrégulières ont tendance à avoir du mal à se rappeler leurs rêves, ce qui peut être un obstacle à l'entraînement à la lucidité onirique. La mémoire des rêves est plus forte juste au réveil, surtout s'il se produit directement à partir d'une période de sommeil paradoxal. Si une personne se lève rapidement et est distraite par d'autres activités, les souvenirs du rêve se dissipent en quelques minutes. C'est l'une des raisons pour lesquelles tenir un journal de rêves est si important : en notant les expériences dès le réveil, on renforce la connexion avec le contenu onirique et on entraîne le cerveau à accorder plus d'attention aux rêves.

La qualité du sommeil affecte également la profondeur et la clarté des rêves lucides. Un sommeil fragmenté, avec des interruptions fréquentes, peut rendre les rêves confus et moins vifs. En revanche, un sommeil profond et réparateur favorise des expériences oniriques riches et détaillées. Des pratiques telles que le maintien d'horaires réguliers pour dormir et se réveiller, l'évitement des stimulants avant de se coucher et la création d'un environnement calme dans la chambre contribuent à améliorer la qualité du sommeil et, par conséquent, la fréquence des rêves lucides.

Un autre facteur pertinent est l'effet de la privation de sommeil paradoxal. Lorsqu'une personne passe une période à dormir peu et a ensuite la possibilité de se reposer correctement, le cerveau a tendance à compenser le temps perdu par un "rebond" de sommeil paradoxal, augmentant la durée et l'intensité de ce stade. Ce phénomène peut être utilisé stratégiquement pour faciliter l'induction de rêves lucides, bien qu'il ne soit pas recommandé de compromettre délibérément la santé de son sommeil.

Comprendre les cycles du sommeil permet au pratiquant de rêves lucides d'utiliser cette connaissance à son avantage. Savoir quand les rêves sont les plus intenses, comment améliorer la mémorisation et comment créer les conditions idéales pour un sommeil productif sont des étapes fondamentales pour accéder à la lucidité onirique de manière plus cohérente. Au lieu de simplement attendre qu'un rêve lucide se produise par hasard, il est possible de structurer son sommeil de manière à augmenter la probabilité de ces expériences, transformant la pratique en quelque chose de plus prévisible et contrôlable.

Chapitre 6
Comment le cerveau crée les rêves

L'esprit humain, même au repos, poursuit son activité inlassable, entremêlant souvenirs, émotions et stimuli épars pour créer des expériences oniriques qui défient la logique du monde éveillé. Loin de simplement s'éteindre pendant le sommeil, le cerveau entre dans un état d'intense réorganisation neuronale, où différentes régions agissent de concert pour produire des scénarios et des récits qui peuvent sembler décousus, mais qui reflètent des processus profonds de la psyché. La phase du sommeil connue sous le nom de REM (mouvements oculaires rapides) est l'un des moments les plus actifs de ce phénomène, lorsque des ondes électriques parcourent les circuits cérébraux, activant des zones responsables de l'émotion, de la mémoire et de la perception sensorielle. Le résultat est une tapisserie d'images et de situations qui, bien que fugaces et éphémères, peuvent porter des significations symboliques, renforcer les apprentissages et même offrir des aperçus inattendus sur la réalité vécue.

Tout au long de la nuit, le cerveau expérimente des cycles de sommeil qui alternent entre des périodes de plus grande et de moindre activité, et c'est justement pendant les moments de plus grande excitation neuronale que les rêves prennent leur forme la plus vivace. L'amygdale, centre du traitement émotionnel, intensifie son action, rendant les rêves chargés de sentiments intenses qui peuvent varier du plaisir à la peur, tandis que l'hippocampe, responsable de la consolidation de la mémoire, réorganise des fragments de l'expérience quotidienne, les insérant dans des récits singuliers. En même temps, le cortex visuel simule des paysages et des décors qui, bien qu'irréels, peuvent être extrêmement détaillés. Cependant, la réduction de l'activité dans le cortex préfrontal, structure liée à la pensée logique et au sens critique, fait que le rêveur accepte les absurdités comme normales, transitant sans résistance entre des réalités déconnectées et des événements impossibles. Ce délicat équilibre entre raison et émotion façonne l'architecture des rêves et explique pourquoi nous nous retrouvons souvent immergés dans des histoires fantastiques sans percevoir leur incohérence.

La fonction exacte des rêves reste un mystère débattu par la neuroscience, mais les recherches indiquent qu'ils jouent un rôle fondamental dans la régulation psychologique et l'organisation des expériences vécues. En revisitant les souvenirs, le cerveau ne fait pas que renforcer les apprentissages, il traite aussi les émotions refoulées, offrant une sorte de répétition mentale pour faire face aux défis futurs. Certaines théories suggèrent que les rêves permettent au cerveau de tester des possibilités sans risques réels, tandis que d'autres avancent qu'ils sont un sous-produit inévitable de l'intense activité neuronale pendant le sommeil. Quelle que soit leur finalité, comprendre les mécanismes derrière la création des rêves ouvre la voie au développement de la lucidité onirique, permettant à l'esprit éveillé d'interagir consciemment avec cet univers intérieur fascinant.

Une grande partie des rêves se produit pendant le sommeil paradoxal (REM), lorsque le cerveau est en pleine activité, semblable à l'état de veille. L'une des régions les plus actives à ce moment-là est l'amygdale, responsable du traitement émotionnel. Cela explique pourquoi les rêves sont souvent intenses, chargés de sentiments allant de l'extase à la terreur. En même temps, l'hippocampe, structure liée à la mémoire, participe au processus, récupérant des fragments d'expériences passées et les incorporant à l'intrigue des rêves.

Le cortex visuel entre également en action, créant des images et des décors avec un niveau de réalisme impressionnant. Pendant les rêves, cette région se comporte de manière similaire à lorsque nous sommes éveillés, simulant des perceptions visuelles avec une grande richesse de détails. Cependant, le cortex préfrontal, responsable de la pensée logique et du contrôle rationnel, présente une activité réduite, ce qui explique pourquoi nous acceptons des situations absurdes sans nous poser de questions.

Ce déséquilibre entre émotion et logique rend les rêves très plastiques, changeants et souvent illogiques. Des éléments inattendus apparaissent sans préavis, des transitions se produisent sans explication et les lois de la physique peuvent être complètement déformées.

Cependant, lorsque la lucidité onirique se manifeste, certaines parties du cortex préfrontal se réactivent, permettant au rêveur de retrouver sa capacité critique et de se rendre compte qu'il est en train de rêver.

La manière dont le cerveau organise les rêves est également liée à la consolidation de la mémoire. Pendant le sommeil, les informations reçues tout au long de la journée sont traitées, organisées et, dans de nombreux cas, incorporées aux rêves. C'est pourquoi nous rêvons souvent de situations que nous avons vécues récemment ou de préoccupations qui occupent notre esprit avant de nous endormir. Cette relation entre mémoire et rêve peut être exploitée dans l'entraînement à la lucidité, car l'attention consciente aux schémas des rêves peut aider à les identifier lorsqu'ils se produisent.

Un autre aspect fascinant du processus onirique est la façon dont le cerveau comble les lacunes d'information. Pendant les rêves, lorsque quelque chose n'a pas de sens, le subconscient a tendance à créer des justifications automatiques pour maintenir la cohérence du récit. Cela explique pourquoi un décor peut changer soudainement sans provoquer d'étonnement : le cerveau ajuste simplement la perception pour que tout semble normal. Ce phénomène peut être utilisé à l'avantage du pratiquant de rêves lucides, car apprendre à remettre en question ces moments d'incohérence est l'une des clés pour s'éveiller à l'intérieur du rêve.

Les différentes théories sur la fonction des rêves tentent d'expliquer pourquoi le cerveau consacre autant d'énergie à ces expériences pendant le sommeil. Certaines approches suggèrent que les rêves servent à traiter les émotions et à aider à la régulation psychologique, tandis que d'autres soulignent qu'ils peuvent être un mécanisme de répétition mentale, permettant à l'esprit de tester différentes réponses à des situations difficiles sans risques réels. Il existe également l'hypothèse selon laquelle les rêves sont un sous-produit de l'activité cérébrale pendant le sommeil, sans but précis, mais avec des effets secondaires qui influencent notre état mental et créatif tout au long de la journée.

Quelle que soit la fonction exacte des rêves, comprendre comment le cerveau les construit aide à se rendre compte que, loin d'être de simples illusions déconnectées, ils sont le reflet du fonctionnement interne de l'esprit. Lorsqu'une personne devient lucide dans un rêve, elle accède essentiellement à ce processus de manière consciente, naviguant de façon intentionnelle à travers les créations de son propre cerveau. Cela renforce l'idée que les rêves, même dans leur apparente aléatoire, suivent des schémas et des mécanismes qui peuvent être compris et explorés.

Au fur et à mesure que nous progressons dans le développement de la lucidité onirique, cette compréhension scientifique devient une alliée puissante. Savoir comment les rêves sont formés permet au rêveur de les observer avec plus d'attention, d'identifier les éléments récurrents et, avec le temps, d'apprendre à interagir consciemment avec ce processus. Le monde onirique cesse alors d'être un territoire inconnu pour devenir une extension de la pensée elle-même, un espace où l'esprit peut être exploré de manière intentionnelle et transformatrice.

Chapitre 7
La Science du Rêve Lucide

Pendant longtemps, les rêves lucides ont été entourés de mystère, considérés comme des phénomènes rares et subjectifs, relégués au domaine de la spiritualité ou du folklore. Cependant, les avancées scientifiques des dernières décennies ont démontré que cette expérience est non seulement réelle, mais qu'elle peut être étudiée, documentée et même induite. La neuroscience et la psychologie se sont attachées à comprendre les mécanismes cérébraux à l'œuvre derrière la lucidité onirique, révélant que cet état hybride entre sommeil et éveil possède des bases neurologiques concrètes. Aujourd'hui, l'étude des rêves lucides ne se limite plus à la simple curiosité académique, mais s'étend à des applications thérapeutiques et cognitives, suggérant que la conscience à l'intérieur du rêve peut être un outil puissant pour la connaissance de soi, le dépassement de traumatismes et même l'amélioration de compétences motrices et créatives.

Les premières preuves scientifiques confirmant l'existence du rêve lucide ont émergé d'expériences novatrices menées dans les années 1970. Les chercheurs étaient confrontés à un défi fondamental : comment prouver qu'un rêveur était réellement conscient à l'intérieur d'un rêve, plutôt que de simplement rapporter l'expérience au réveil ? La réponse est venue de l'utilisation des mouvements oculaires comme moyen de communication entre le rêveur et le monde extérieur. Pendant le sommeil paradoxal (REM), phase durant laquelle se produisent les rêves les plus vivaces, les muscles oculaires restent actifs. Cela a permis à des volontaires, préalablement entraînés, de réaliser des schémas spécifiques de mouvements oculaires à l'intérieur du rêve. Ces signaux ont été enregistrés par des électro-oculogrammes, fournissant la première preuve objective que le rêveur était capable de percevoir et d'interagir consciemment avec son propre rêve. Ce jalon a ouvert la voie à une nouvelle ère de recherches, conduisant les scientifiques à explorer comment le cerveau module l'expérience de la lucidité onirique.

Avec l'avancée des techniques de neuro-imagerie, il est devenu possible de cartographier ce qui se passe dans le cerveau pendant un rêve lucide. Des études démontrent que, lorsqu'il devient lucide, le cerveau affiche un schéma d'activation distinct, combinant des caractéristiques du sommeil et de l'éveil. Le cortex préfrontal dorsolatéral, région associée à l'autoréflexion et à la pensée critique, présente une augmentation significative de son activité, contrastant avec les rêves ordinaires, où cette zone reste moins active. Ce phénomène explique pourquoi, en acquérant la lucidité, le rêveur commence à remettre en question la logique des événements et à reconnaître qu'il est en train de rêver. De plus, des recherches indiquent que la pratique du rêve lucide peut avoir des impacts positifs sur la régulation émotionnelle, la réduction des cauchemars récurrents et même le développement cognitif. Ces découvertes valident non seulement l'expérience de la lucidité onirique, mais offrent également de nouvelles perspectives sur le fonctionnement de la conscience et ses interactions avec l'état de sommeil.

La première preuve scientifique concrète est apparue dans les années 1970, lorsque les chercheurs ont commencé à chercher des moyens objectifs de prouver qu'une personne pouvait devenir consciente à l'intérieur de son propre rêve. Le problème était simple : comment prouver que quelqu'un était réellement lucide pendant le sommeil paradoxal et non pas simplement en train de rapporter l'expérience au réveil ? La réponse est venue d'expériences novatrices qui ont utilisé les mouvements oculaires comme moyen de communication entre les rêveurs lucides et les chercheurs.

Le pionnier dans ce domaine fut Keith Hearne, un psychologue britannique qui, en 1975, a mené une expérience dans laquelle il a demandé à un volontaire de bouger les yeux d'une manière prédéterminée lorsqu'il serait lucide dans un rêve. Comme les muscles oculaires ne sont pas paralysés pendant le sommeil paradoxal, ce mouvement a pu être enregistré par un électro-oculogramme, fournissant la première preuve objective que la conscience onirique était réelle.

Peu de temps après, Stephen LaBerge, un chercheur de l'Université de Stanford, a développé des expériences encore plus raffinées. Il a créé des protocoles pour que les rêveurs lucides réalisent des signaux spécifiques avec leurs yeux pendant le rêve, permettant aux chercheurs d'observer en temps réel quand la lucidité se produisait. LaBerge a également développé des méthodes pour entraîner les gens à induire délibérément des rêves lucides, jetant ainsi les bases de la popularisation de cette pratique en dehors des laboratoires.

Grâce aux progrès technologiques, des études plus sophistiquées ont commencé à cartographier ce qui se passe dans le cerveau pendant un rêve lucide. En utilisant l'imagerie par résonance magnétique fonctionnelle (IRMf) et l'électroencéphalographie (EEG), les scientifiques ont découvert que, lorsqu'une personne devient lucide, certaines zones du cerveau associées à la pensée critique et à la conscience de soi, comme le cortex préfrontal dorsolatéral, présentent une augmentation de l'activité. Cela contraste avec les rêves ordinaires, où cette région a tendance à être moins active, expliquant pourquoi nous acceptons généralement les absurdités oniriques sans les remettre en question.

Une autre découverte intéressante est que, pendant les rêves lucides, les schémas d'activité cérébrale ressemblent à un état hybride entre le sommeil paradoxal et l'éveil. Cela signifie que, lorsqu'il acquiert la lucidité, le cerveau se comporte d'une manière unique, mélangeant des éléments de l'état éveillé avec l'immersion du rêve. Cette découverte renforce l'idée que la conscience onirique n'est pas seulement une illusion subjective, mais un état distinct et mesurable.

En plus de prouver l'existence des rêves lucides, la science a également étudié leurs avantages potentiels.

Des études indiquent que les personnes qui s'entraînent à la lucidité onirique signalent une réduction de la fréquence des cauchemars, une plus grande sensation de contrôle sur leurs émotions et même une amélioration de la qualité du sommeil. Des recherches explorent également l'utilisation du rêve lucide dans le traitement de troubles tels que le stress post-traumatique, permettant aux patients de faire face à des souvenirs traumatisants dans un environnement sûr à l'intérieur du rêve.

Une autre piste de recherche suggère que les rêves lucides peuvent être utilisés pour améliorer les compétences motrices. Des études ont montré qu'en pratiquant mentalement un mouvement à l'intérieur du rêve, les mêmes circuits cérébraux que ceux activés pendant la pratique physique sont stimulés. Cela ouvre la possibilité que les rêveurs lucides puissent s'entraîner à des sports, répéter des présentations ou perfectionner des techniques artistiques pendant qu'ils dorment, en tirant parti du pouvoir de la simulation mentale pour améliorer leurs performances dans la vie réelle.

Les études sur les rêves lucides continuent de s'étendre, avec de nouvelles découvertes chaque année. Les chercheurs explorent des moyens d'augmenter la fréquence de la lucidité onirique, de tester différentes techniques d'induction et de mieux comprendre les mécanismes neurologiques à l'origine de ce phénomène. Avec les progrès des technologies de neuro-imagerie et de l'intelligence artificielle, l'avenir pourrait apporter encore plus d'informations sur le fonctionnement des rêves et sur la manière dont nous pouvons les utiliser intentionnellement.

Ce qui était autrefois considéré comme un sujet purement philosophique ou spirituel est maintenant devenu un domaine d'étude légitime, où la science et la pratique se rencontrent. Le rêve lucide n'est plus seulement un récit subjectif, mais un phénomène mesurable, entraînable et avec des applications prometteuses. Au fur et à mesure que les connaissances progressent, il devient de plus en plus clair que l'esprit humain a des potentialités encore peu explorées - et les rêves lucides sont l'une des clés pour y accéder.

Chapitre 8
Rêves dans l'Histoire et la Mythologie

Des civilisations les plus anciennes à nos jours, les rêves ont joué un rôle fondamental dans la construction des mythes, des croyances et des interprétations de la nature humaine et de l'univers. Les peuples anciens voyaient les rêves comme des manifestations divines, des révélations mystiques ou des messages de l'au-delà, leur attribuant des significations profondes qui influençaient les décisions politiques, religieuses et sociales. Avant que la science ne dévoile les processus du sommeil et de l'activité cérébrale, les rêves étaient considérés comme des ponts entre le monde terrestre et des dimensions spirituelles ou surnaturelles. Ainsi, au fil de l'histoire, chaque culture a développé ses propres méthodes d'interprétation onirique, consignant des symbolismes et cherchant à comprendre et à utiliser ces expériences pour l'orientation de la vie quotidienne. Ce regard sur les rêves a non seulement façonné des traditions et des rituels, mais a également influencé des philosophies et des systèmes religieux qui perdurent encore aujourd'hui.

Les Sumériens, l'une des civilisations les plus anciennes, enregistraient déjà des rêves sur des tablettes d'argile il y a plus de quatre mille ans, les associant à des prémonitions et à la communication avec les dieux. Cette tradition s'est étendue aux Babyloniens et aux Égyptiens, qui ont développé de vastes manuels d'interprétation onirique, dans lesquels chaque symbole avait une signification spécifique. Dans l'Égypte ancienne, des prêtres spécialisés étaient chargés de déchiffrer les rêves des pharaons, croyant que ces visions nocturnes pouvaient guider le destin de toute la nation. Les Grecs et les Romains, quant à eux, ont incorporé les rêves dans leurs philosophies et pratiques religieuses. Platon et Aristote ont réfléchi à leur nature et à leur fonction, tandis que des temples dédiés au dieu Asclépios (Esculape) accueillaient des pèlerins qui cherchaient la guérison par l'incubation de rêves sacrés. L'oracle de Delphes, l'une des institutions les plus influentes du monde hellénique, utilisait également des états modifiés de conscience, souvent associés à des visions oniriques, pour fournir des réponses énigmatiques à ceux qui cherchaient conseil.

Dans les traditions orientales et indigènes, les rêves ont revêtu un caractère tout aussi profond et transformateur. Pour le bouddhisme tibétain, la pratique du Yoga du Rêve enseigne aux adeptes à rester conscients pendant leurs rêves, comme moyen d'atteindre une plus grande maîtrise de l'esprit et de la réalité. Chez les peuples indigènes des Amériques, comme les chamans de diverses tribus, les rêves étaient considérés comme des voyages spirituels, des occasions de recevoir des enseignements des ancêtres et des esprits de la nature. Le concept de "rêve visionnaire" était largement valorisé, et il était atteint par le biais de rituels, de jeûnes et de méditations. Au fil des siècles, la vision des rêves a oscillé entre le mystique et le scientifique. Freud a révolutionné la compréhension des rêves en suggérant qu'ils étaient des expressions de l'inconscient et des désirs refoulés, tandis que Jung a apporté l'idée des archétypes et de l'inconscient collectif, rétablissant, d'une certaine manière, le lien entre les rêves et les mythes de l'Antiquité. Aujourd'hui, bien que la science ait progressé dans l'étude des rêves sous un angle neuroscientifique, la fascination pour leur symbolisme et leur impact sur la psyché humaine demeure, révélant que cette expérience millénaire continue de jouer un rôle crucial dans la manière dont l'humanité se comprend elle-même et comprend le monde qui l'entoure.

Dans la civilisation sumérienne, l'une des premières de l'histoire, les rêves étaient déjà consignés sur des tablettes d'argile il y a plus de quatre mille ans. Les rois et les prêtres croyaient que les dieux envoyaient des avertissements et des instructions par le biais des rêves, influençant ainsi les décisions politiques et religieuses. Cette vision s'est propagée à d'autres cultures du Moyen-Orient, notamment aux Babyloniens et aux Égyptiens, qui ont développé des systèmes sophistiqués d'interprétation onirique. Dans l'Égypte ancienne, il existait même un "Livre des Rêves", une sorte de manuel qui aidait à déchiffrer les significations cachées des visions nocturnes. Rêver d'eaux calmes, par exemple, était considéré comme un bon présage, tandis que rêver d'animaux sauvages pouvait indiquer un danger imminent.

Les Grecs et les Romains ont hérité de cette tradition et l'ont enrichie de leur propre approche philosophique. Pour Aristote, les rêves étaient des manifestations de la pensée humaine en état de repos, bien qu'ils puissent contenir des aperçus importants. Platon, en revanche, suggérait que les rêves révélaient des désirs refoulés, une idée qui ferait écho des siècles plus tard dans les études de Sigmund Freud. Mais au-delà de la philosophie, le monde gréco-romain considérait également les rêves comme des moyens de communication avec les dieux. Les temples d'Asclépios, le dieu de la guérison, étaient utilisés pour la pratique de l'"incubation des rêves", où les malades dormaient dans des sanctuaires sacrés dans l'espoir de recevoir une vision divine leur indiquant le remède à leurs maux.

Dans la tradition judéo-chrétienne, les rêves apparaissent comme des éléments importants dans les Écritures. Des figures bibliques comme Joseph, en Égypte, et Daniel, à Babylone, étaient connues pour leur capacité à interpréter les rêves et à prédire les événements futurs. Dans les récits du Nouveau Testament, Joseph, le père de Jésus, reçoit en rêve des instructions divines pour fuir avec sa famille et échapper à la persécution du roi Hérode. La croyance en la communication spirituelle par le biais des rêves est restée forte tout au long du Moyen Âge, influençant la culture et la religiosité de l'époque.

Pendant ce temps, en Orient, des traditions telles que le bouddhisme et l'hindouisme exploraient les rêves d'une manière différente. Pour les yogis et les maîtres spirituels, les rêves n'étaient pas seulement des symboles ou des messages, mais aussi un état de conscience à maîtriser. Le concept selon lequel le monde des rêves pouvait être aussi réel que celui de l'état de veille a conduit au développement de pratiques telles que le Yoga du Rêve tibétain, qui cherche à entraîner l'esprit à rester lucide aussi bien dans le sommeil que dans la mort, préparant ainsi le pratiquant aux transitions entre les états de conscience.

Chez les peuples indigènes d'Amérique et les chamans de diverses régions du monde, les rêves étaient considérés comme des voyages dans le monde spirituel. De nombreuses tribus croyaient que les rêves permettaient d'entrer en contact avec les ancêtres, les esprits de la nature et les guides spirituels. Pour certaines cultures, chaque individu avait un "rêve de pouvoir", une vision qui révélait sa mission ou son animal protecteur. Des rituels spécifiques étaient pratiqués pour induire des rêves visionnaires, notamment des jeûnes, des méditations et l'utilisation de plantes sacrées.

Au fil de l'histoire, la vision des rêves a oscillé entre le sacré et le scientifique. Avec l'avènement de la psychologie moderne, des théoriciens comme Freud et Jung ont apporté de nouvelles perspectives. Freud voyait les rêves comme des manifestations de l'inconscient et des désirs refoulés, tandis que Jung les considérait comme un dialogue avec l'inconscient collectif, rempli d'archétypes universels. Ces idées ont influencé l'étude des rêves en Occident et ont contribué à façonner la compréhension moderne de leur rôle dans la psyché humaine. Avec les progrès de la science, les rêves ont été étudiés de manière plus objective, mais cela n'a pas diminué leur attrait. Aujourd'hui, nous savons qu'ils sont le produit de l'activité cérébrale et qu'ils peuvent être influencés par des facteurs physiologiques, psychologiques et culturels. Cependant, l'intérêt pour la signification des rêves reste aussi fort que dans l'Antiquité. La quête de réponses se poursuit, et la possibilité de les contrôler de manière lucide ajoute une nouvelle couche de fascination à ce voyage qui accompagne l'humanité depuis ses origines.

Chapitre 9
L'Incubation des Rêves dans les Cultures Antiques

La pratique consistant à modeler et à influencer le contenu des rêves accompagne l'humanité depuis ses origines, reflétant la croyance ancestrale selon laquelle le monde onirique peut être une voie de communication avec des forces supérieures, un outil de connaissance de soi ou un moyen de résoudre des questions complexes de la vie éveillée. Avant que la science moderne ne commence à étudier les mécanismes des rêves, de nombreuses civilisations ont développé des méthodes pour induire des expériences oniriques spécifiques, dans le but d'obtenir une guidance spirituelle, des réponses à des dilemmes personnels, voire des guérisons physiques et émotionnelles. Ce processus, connu sous le nom d'incubation des rêves, était un rituel largement respecté, impliquant des pratiques telles que le jeûne, la méditation, l'utilisation de substances naturelles et les nuitées dans des lieux sacrés, où l'on croyait que les rêves acquéraient une signification plus profonde.

Dans la Grèce Antique, l'incubation des rêves a été portée à un niveau sophistiqué, en particulier dans les temples dédiés à Asclépios, dieu de la médecine. Des pèlerins de diverses régions se rendaient dans ces sanctuaires pour participer à des rituels qui les préparaient à une nuit de sommeil sacré. On croyait qu'en dormant dans un environnement consacré après avoir subi des bains purificateurs, des prières et des offrandes, le rêveur recevrait dans son rêve la visite d'Asclépios lui-même ou de ses prêtres, qui lui transmettraient des conseils pour la guérison de maladies ou la résolution de problèmes. Des récits historiques indiquent que beaucoup de ces expériences étaient interprétées comme de véritables révélations divines, renforçant l'idée que les rêves possédaient un caractère prophétique et transformateur. Des pratiques similaires étaient observées dans l'Égypte Ancienne, où les pharaons et les prêtres cherchaient des messages des dieux à travers les rêves, dormant souvent sur des pierres spécifiques qui, selon les croyances, amplifiaient la connexion spirituelle.

D'autres traditions, comme la mésopotamienne, l'islamique médiévale et les cultures indigènes du monde entier, valorisaient également l'incubation des rêves comme un outil essentiel pour la vie quotidienne et le développement spirituel. En Mésopotamie, des inscriptions sur des tablettes d'argile décrivent des rituels méticuleux suivis par les rois et les prêtres pour induire des rêves prophétiques, incluant des régimes alimentaires restrictifs et la récitation de prières spécifiques avant de dormir. Dans le monde islamique médiéval, les soufis exploraient les rêves comme une voie de communication directe avec le divin, employant des techniques de méditation et de répétition de versets sacrés pour induire des états visionnaires. Chez les peuples indigènes, comme les Amérindiens, la quête de vision était un rite de passage au cours duquel l'individu s'isolait dans la nature, souvent en jeûnant, pour recevoir en rêve des révélations sur son but dans la vie. Aujourd'hui, bien que la science ait dévoilé des aspects physiologiques des rêves, les anciennes pratiques d'incubation continuent d'influencer les techniques modernes d'induction onirique, démontrant qu'au fil de l'histoire, l'humanité a toujours cherché des moyens d'explorer et de comprendre cet univers intrigant de l'inconscient.

Les Grecs anciens furent l'une des cultures qui explorèrent le plus cette pratique de manière systématique. Dans les temples d'Asclépios, dieu de la médecine et de la guérison, les pèlerins se préparaient soigneusement à une nuit de sommeil sacré. Avant de dormir, ils accomplissaient des rituels de purification, comprenant des bains et le jeûne, ainsi que des prières et des offrandes au dieu. Pendant la nuit, ils dormaient dans une zone spéciale appelée *abaton*, où l'on croyait qu'Asclépios ou ses prêtres pouvaient rendre visite aux rêveurs en visions et leur offrir des conseils de guérison. Au réveil, les participants rapportaient leurs rêves aux prêtres, qui les interprétaient et prescrivaient des traitements basés sur les messages reçus. De nombreux récits affirment que les gens quittaient ces temples guéris ou avec une nouvelle clarté sur leur condition.

En Égypte Ancienne, l'incubation des rêves jouait également un rôle fondamental dans la vie religieuse et politique. Pharaons et prêtres utilisaient des pratiques similaires à celles des Grecs pour obtenir des révélations divines. Dans certains temples, les rêveurs dormaient sur des "pierres de rêves", croyant que cette pratique augmentait la probabilité de recevoir des messages des dieux. Les Égyptiens avaient également un système détaillé d'interprétation onirique, qui associait certains symboles à des significations spécifiques, influençant des décisions importantes.

En Mésopotamie, où sont apparues certaines des premières civilisations organisées, les rêves étaient considérés comme des messages directs des dieux. Des textes cunéiformes décrivent des rituels pour induire des rêves prophétiques, dans lesquels le pratiquant devait suivre un ensemble spécifique de règles avant de dormir, comme éviter certains aliments ou réciter des prières. Les Babyloniens possédaient des prêtres spécialisés dans l'interprétation des rêves, qui aidaient les rois et les dirigeants à prendre des décisions stratégiques basées sur les messages oniriques.

Dans le monde islamique médiéval, l'incubation des rêves était largement pratiquée par les mystiques et les soufis, qui croyaient que les rêves étaient un moyen de communication entre Dieu et les fidèles. Beaucoup cherchaient des réponses à des questions spirituelles ou des décisions importantes à travers la "vision vraie", un rêve qui se distinguait des autres par sa clarté et son impact émotionnel. Certains soufis ont développé des techniques de méditation et de récitation de versets sacrés avant de dormir pour augmenter les chances d'avoir ces expériences.

Les traditions indigènes du monde entier ont également développé leurs propres méthodes d'incubation des rêves. Chez les peuples autochtones d'Amérique du Nord, par exemple, il existait le concept de la quête de vision, un rituel dans lequel les jeunes passaient des jours isolés dans la nature, souvent à jeun, pour induire des rêves qui révéleraient leur mission de vie ou apporteraient des messages des esprits. Dans certaines tribus sud-américaines, l'utilisation de plantes psychoactives était employée pour intensifier les rêves et faciliter le contact avec des guides spirituels.

Ce que ces différentes cultures avaient en commun, c'était la croyance que les rêves n'étaient pas des événements aléatoires, mais des expériences significatives qui pouvaient être cultivées et explorées. Bien que les explications pour les rêves variaient – des messages divins aux rencontres avec les esprits – l'idée centrale que l'on pouvait influencer le contenu onirique a persisté à travers l'histoire.

Aujourd'hui, avec les progrès de la science, nous comprenons que l'esprit peut réellement être entraîné à diriger les rêves. Les techniques de suggestion avant de dormir, la visualisation de scénarios souhaités et la répétition d'affirmations sont des versions modernes de ces anciennes pratiques d'incubation des rêves. Même si les croyances ont changé, l'essence de cette quête reste la même : utiliser le monde des rêves comme un outil d'apprentissage, de croissance et de connaissance de soi.

Chapitre 10
Rêves dans les Traditions Spirituelles Orientales

Les traditions spirituelles orientales ont toujours considéré les rêves comme des portails vers des dimensions plus profondes de la conscience, où l'esprit peut transcender les limites de la perception ordinaire et accéder à des états de compréhension élevés. Contrairement à la vision occidentale, qui a longtemps considéré les rêves comme des manifestations subjectives ou de simples créations de l'inconscient, en Orient, ils sont vus comme des opportunités d'apprentissage et d'éveil spirituel. Des cultures telles que le bouddhisme tibétain, l'hindouisme, le taoïsme et le bouddhisme zen ont développé des pratiques sophistiquées pour explorer le monde onirique, le considérant comme une extension du voyage spirituel. Dans ces systèmes, la séparation entre veille et sommeil n'est qu'apparente, car les deux sont des manifestations de la même réalité fluide et impermanente. Celui qui apprend à s'éveiller dans le rêve acquiert des outils pour s'éveiller également à la vraie nature de l'existence.

Le Yoga du Rêve, pratiqué dans le bouddhisme tibétain et la tradition Bön, est l'une des approches les plus élaborées pour l'entraînement de la conscience onirique. Pour les maîtres de cette tradition, la reconnaissance de l'illusion dans le rêve est un exercice qui prépare le pratiquant à percevoir l'illusion de la réalité éveillée, dissolvant ainsi l'attachement à l'identité individuelle et aux apparences mondaines. Des techniques spécifiques sont enseignées pour atteindre ce niveau de conscience, notamment la récitation de mantras avant de dormir, des visualisations spécifiques et le développement de la pleine conscience tout au long de la journée. Le pratiquant apprend à remettre en question sa réalité en permanence, créant l'habitude de vérifier s'il rêve, jusqu'à ce que cette attitude se transfère naturellement à l'état onirique. En maîtrisant cette pratique, il acquiert non seulement un contrôle sur ses rêves, mais développe également un esprit plus lucide et éveillé dans la vie quotidienne.

Dans l'hindouisme, des pratiques similaires se retrouvent dans le Yoga Nidra, connu sous le nom de "sommeil yogique", qui permet au pratiquant de rester conscient pendant que le corps se repose. Cet état est considéré comme un pont entre le sommeil profond et la méditation, permettant d'accéder à des niveaux plus subtils de l'esprit sans perdre la perception. Dans le taoïsme, les rêves sont compris comme des manifestations du flux naturel de l'existence, illustrés par des réflexions philosophiques telles que la célèbre parabole de Zhuangzi sur le papillon et le questionnement de la nature de la réalité. Dans le bouddhisme zen, l'impermanence des rêves sert de rappel de la nature transitoire de toutes choses, renforçant la nécessité du détachement. Ces traditions partagent l'idée centrale que les rêves ne sont pas de simples phénomènes cérébraux, mais plutôt des territoires d'exploration spirituelle. Les connaissances accumulées par ces écoles millénaires restent pertinentes, offrant à toute personne désireuse d'explorer la conscience onirique un chemin vers une plus grande clarté mentale, une pleine conscience accrue et une meilleure compréhension de son propre esprit.

L'une des traditions les plus connues dans ce contexte est le Yoga du Rêve, pratiqué dans le bouddhisme tibétain et la tradition Bön. Pour les maîtres tibétains, les rêves sont le reflet de la nature illusoire de la réalité. Si, à l'état de veille, les gens croient que le monde matériel est solide et permanent, les rêves montrent que tout peut être façonné par l'esprit. Selon ces enseignements, percevoir l'illusion dans le rêve est un entraînement pour percevoir l'illusion de la vie, menant à l'éveil spirituel définitif.

Les pratiquants du Yoga du Rêve passent des années à développer la capacité de maintenir une conscience ininterrompue, tant dans le sommeil que dans la veille. Des techniques spécifiques sont utilisées pour renforcer cette lucidité, comme des méditations avant de dormir, la récitation de mantras et des visualisations qui préparent l'esprit à reconnaître l'état onirique. L'objectif n'est pas seulement d'avoir le contrôle sur les rêves, mais de les utiliser comme un outil pour élargir la perception de la réalité.

Dans l'hindouisme, il existe des pratiques similaires associées au Yoga Nidra, également appelé "sommeil yogique". Dans cette tradition, le sommeil n'est pas considéré comme une période d'inconscience totale, mais comme un état dans lequel l'esprit peut rester alerte à des niveaux plus subtils. Les maîtres de cette pratique enseignent qu'il est possible d'atteindre un état de conscience profonde sans perdre la perception, accédant à un espace de pure observation où le pratiquant peut être témoin de ses propres pensées et émotions sans s'y attacher.

Dans le taoïsme chinois, les rêves jouent également un rôle important. Des philosophes taoïstes, comme Zhuangzi, ont réfléchi à la nature de la réalité en se demandant si la vie éveillée était plus réelle que le rêve. L'une de ses histoires les plus connues raconte comment, un jour, il rêva qu'il était un papillon. À son réveil, il se demanda : était-il un homme rêvant qu'il était un papillon, ou un papillon rêvant qu'il était un homme ? Cette pensée a influencé des générations de pratiquants taoïstes, qui considéraient les rêves comme une extension du flux naturel de l'existence.

Au Japon, dans la tradition du bouddhisme zen, les rêves sont considérés comme des manifestations de l'esprit et des opportunités de contemplation. Les moines zen utilisent des techniques de pleine conscience pour apporter de la lucidité au monde onirique, méditant souvent sur l'impermanence des rêves comme un reflet de l'impermanence de la vie. L'entraînement de l'esprit à remettre en question la réalité des rêves renforce la compréhension que toutes les expériences, tant dans le sommeil que dans la veille, sont transitoires et ne doivent pas être saisies de manière rigide.

Ce que toutes ces traditions ont en commun, c'est la vision que les rêves sont plus qu'un phénomène neurologique. Ils sont un champ d'exploration de la conscience, un territoire où l'esprit peut être entraîné à percevoir la vérité au-delà des apparences. Alors que la science moderne cherche à expliquer les rêves par l'activité cérébrale, les traditions spirituelles orientales les considèrent comme un chemin vers la libération.

Même pour ceux qui ne suivent pas ces philosophies, les enseignements qu'elles contiennent offrent de précieuses leçons sur la manière d'envisager les rêves de façon plus profonde. La pratique de la lucidité onirique, si valorisée dans ces traditions, ne doit pas être limitée au divertissement ou à l'expérimentation mentale. Elle peut être un moyen de développer une plus grande clarté, une pleine conscience accrue et une connexion plus profonde avec son propre esprit. Tout comme les maîtres tibétains, les yogis et les moines zen ont exploré le monde des rêves pour élargir leur conscience, chacun peut appliquer ces connaissances pour transformer sa relation au sommeil et à la réalité.

Chapitre 11
Perspectives Chamaniques et Indigènes sur les Rêves

Les cultures indigènes du monde entier attribuent aux rêves un rôle fondamental dans l'interaction entre le monde matériel et les sphères spirituelles. Ils ne sont pas de simples reflets de l'esprit humain, mais des portails vers des dimensions plus profondes de l'existence. Dans les traditions chamaniques, les rêves ne sont pas interprétés comme de simples manifestations de l'inconscient, mais comme des véhicules de communication avec les ancêtres, les esprits de la nature et les forces supérieures qui guident le chemin des individus et des communautés.

Cette perspective contraste fortement avec la vision prédominante de la science occidentale, qui réduit souvent les rêves à des processus neurologiques dépourvus de signification transcendantale. Pour les peuples indigènes, l'expérience onirique dépasse les limites de la perception ordinaire, offrant des enseignements précieux, des révélations spirituelles et même des prédictions sur l'avenir. Le rêveur, dans ce contexte, n'est pas un simple spectateur passif, mais un voyageur qui peut interagir consciemment avec ces réalités, en extrayant sagesse et sens.

Chez de nombreux groupes indigènes, les rêves font partie intégrante de la formation spirituelle et sociale de chaque individu. Ils sont utilisés dans les rituels initiatiques et les pratiques de guérison. L'apprentissage chamanique, par exemple, commence souvent par des rêves visionnaires, où l'apprenti reçoit des instructions d'êtres spirituels ou entre en contact avec des entités qui le guident dans son parcours. Cette connaissance ne s'acquiert pas par l'étude conventionnelle, mais par l'expérience directe dans des états de conscience modifiés, où l'âme se libère des contraintes de la veille pour explorer des territoires invisibles.

La quête de visions, un rituel pratiqué par diverses tribus à travers le monde, illustre cette relation entre rêves et spiritualité. Au cours de cette pratique, des jeunes ou de futurs chamans s'isolent dans la nature, se soumettant à des jeûnes et à des méditations dans l'espoir de recevoir un rêve révélateur qui définira leur rôle au sein de la communauté. Ces visions peuvent présenter des guides spirituels sous forme d'animaux, de symboles ou de messages qui sont soigneusement interprétés par les anciens de la tribu.

L'importance des rêves transcende la sphère individuelle, influençant les décisions communautaires et établissant des liens profonds entre les êtres humains et l'univers spirituel. De nombreuses sociétés indigènes partagent leurs rêves au réveil, cherchant à interpréter collectivement leurs significations pour guider leurs actions quotidiennes. Dans certaines traditions, on croit que certains individus ont la capacité particulière de rêver pour la communauté, accédant à des informations cachées qui peuvent prévenir des catastrophes, révéler des remèdes ou indiquer les meilleurs chemins pour la chasse et la survie.

De plus, les rêves sont considérés comme des outils essentiels au maintien de l'équilibre spirituel. Ils servent à identifier les déséquilibres énergétiques, à résoudre les conflits internes et même à affronter les forces obscures qui pourraient influencer négativement la vie d'une personne ou de toute la tribu. Cette vision large et respectueuse des rêves révèle une approche holistique de la réalité, où la dimension onirique est reconnue comme un espace légitime d'apprentissage et de transformation, capable de relier les individus à leurs racines ancestrales et aux forces invisibles qui façonnent le monde.

Chez les peuples indigènes d'Amérique du Nord, par exemple, les rêves jouent un rôle clé dans les rituels et l'organisation sociale. Certaines tribus croient que chacun possède un esprit guide qui peut se manifester dans les rêves, offrant enseignements et protection. Pour identifier ces guides, les jeunes en transition vers l'âge adulte entreprennent la quête de vision, un rituel d'isolement dans la nature, souvent accompagné de jeûnes et de méditations. Pendant cette période, on attend de l'individu qu'il reçoive un rêve significatif révélant sa mission de vie ou lui apportant un animal de pouvoir, un symbole personnel de force et de sagesse.

Les chamans, intermédiaires entre le monde spirituel et le monde physique, utilisent souvent les rêves comme moyen de communication avec les forces invisibles. Dans de nombreuses traditions, la formation d'un chaman commence par des expériences oniriques intenses, au cours desquelles il reçoit des instructions d'entités spirituelles ou apprend à naviguer consciemment dans les rêves. Ces guides spirituels peuvent apparaître sous la forme d'animaux, d'ancêtres ou d'êtres mythologiques, apportant des messages qui sont interprétés et appliqués à la vie de la communauté.

Dans la tradition des Aborigènes d'Australie, il existe le concept du Temps du Rêve, une réalité mythique et intemporelle qui sert de fondement à la création du monde. Pour les Aborigènes, les rêves ne reflètent pas seulement l'esprit humain, mais sont aussi une manifestation continue de ce temps sacré, où les ancêtres ont laissé des enseignements qui peuvent encore être accessibles à ceux qui savent interpréter les signes. Les rêveurs sont considérés comme des voyageurs spirituels capables de transiter entre les dimensions, apportant des connaissances qui aident à guider leurs tribus.

En Amazonie, chez des tribus comme les Ashaninka et les Yanomami, les rêves sont considérés comme des révélations directes de l'esprit de la forêt. Les chamans de ces communautés utilisent souvent des plantes de pouvoir, comme l'ayahuasca, pour induire des états de conscience modifiés et amplifier la perception des rêves. Dans ces états, on croit que l'âme peut voyager hors du corps, rencontrant des esprits de la nature, des guérisseurs et des êtres d'autres plans. Les visions obtenues sont partagées avec la tribu et peuvent influencer les décisions concernant la chasse, la guérison des maladies et même les conflits entre groupes.

Pour beaucoup de ces cultures, les rêves sont une forme d'apprentissage aussi légitime que l'expérience éveillée. La connaissance acquise dans un rêve peut être aussi valable que celle obtenue par l'observation directe, car elle provient d'une source qui transcende l'intellect. Le monde onirique, dans ce contexte, n'est pas une illusion passagère, mais une dimension d'existence aussi réelle que la vie quotidienne.

Contrairement à la vision scientifique occidentale, qui considère généralement les rêves comme un processus neurologique sans signification transcendante, les traditions chamaniques les traitent comme des événements fondamentaux pour la compréhension de la réalité. Cette approche soulève des questions intéressantes sur la nature de la conscience. Si des cultures si diverses affirment que les rêves peuvent être utilisés pour accéder à la connaissance et transformer la vie, il y a peut-être quelque chose dans ces pratiques qui mérite d'être exploré plus en profondeur.

Le lien entre les rêves et la spiritualité chamanique se reflète également dans la manière dont ces traditions gèrent les cauchemars. Alors que la psychologie moderne interprète souvent les cauchemars comme des reflets de peurs intérieures ou de traumatismes non résolus, pour les chamans, ils peuvent être des manifestations de déséquilibres énergétiques ou même des tentatives de communication d'esprits ou de forces de la nature. Au lieu d'éviter ces rêves, le pratiquant est encouragé à les affronter et à les comprendre. Certaines tribus enseignent qu'un cauchemar peut être un test, un défi à surmonter dans le rêve, permettant au rêveur d'acquérir force et sagesse.

Un autre aspect notable de la vision indigène des rêves est le rôle qu'ils jouent dans la vie communautaire. Dans de nombreuses sociétés traditionnelles, au réveil, les membres de la tribu partagent leurs rêves avec les autres, cherchant des significations et des orientations pour la journée. Dans certaines cultures africaines, par exemple, il existe des réunions matinales où les rêves de la nuit précédente sont discutés collectivement. Il en va de même dans certains villages nord-américains, où les anciens aident à interpréter les rêves des jeunes et à les guider sur ce qu'ils doivent faire de ces messages. Même si la science moderne s'est éloignée de ces interprétations, il y a quelque chose de précieux dans la façon dont ces cultures traitent les rêves : elles les respectent. Au lieu de les rejeter comme de simples créations de l'inconscient, elles les considèrent comme faisant partie d'un vaste réseau de communication entre l'individu, sa communauté et le monde spirituel. Cette attitude peut beaucoup apprendre à ceux qui souhaitent développer leur conscience onirique, car elle encourage une relation plus attentive et respectueuse avec leurs propres rêves.

En étudiant ces traditions, il devient clair que la pratique de la recherche de la lucidité dans les rêves n'est ni une invention récente, ni un phénomène isolé. L'humanité a toujours cherché des moyens d'interagir consciemment avec le monde onirique, que ce soit pour chercher la connaissance ou pour explorer des territoires au-delà de la veille. Les chamans et les cultures indigènes explorent cette possibilité depuis des millénaires, et leurs méthodes offrent des indices précieux sur la façon dont nous pouvons approfondir notre propre pratique.

Pour ceux qui souhaitent apprendre de ces traditions, l'une des premières leçons est de prêter davantage attention aux rêves. Prendre l'habitude de les noter, de réfléchir à leur signification et de les partager avec d'autres peut aider à renforcer la connexion avec le monde onirique. De plus, le courage d'affronter les cauchemars et la volonté d'explorer les symboles qui apparaissent dans les rêves peuvent ouvrir les portes à des découvertes transformatrices.

La vision chamanique nous rappelle que les rêves sont plus que des images éphémères qui disparaissent au réveil. Ce sont des territoires à explorer, des messages à déchiffrer et, peut-être, une invitation à élargir notre compréhension de la réalité elle-même. Tout comme les anciens maîtres indigènes naviguaient dans le monde des rêves à la recherche de réponses, chacun peut apprendre à faire de même, en utilisant la lucidité onirique comme un moyen de voyager entre les mondes et de percer les mystères de son propre esprit.

Chapitre 12
Le Rêve Lucide à l'Ère Moderne

La compréhension des rêves lucides a considérablement évolué, passant du domaine des croyances ésotériques et mystiques à celui d'objet d'études scientifiques et d'outil de développement personnel. Aujourd'hui, cette pratique n'est plus perçue comme un phénomène isolé ou limité à des expériences spontanées, mais plutôt comme une compétence que l'on peut développer, capable d'offrir des avantages allant de l'exploration créative à l'amélioration de la santé mentale. Les avancées en neurosciences, combinées à un intérêt croissant pour les états de conscience modifiés, ont ouvert de nouvelles perspectives sur la lucidité onirique, permettant à un nombre croissant de personnes d'accéder à cet aspect fascinant de l'esprit humain et de le comprendre. Le rêve lucide, par conséquent, ne se contente pas d'élargir la perception de la réalité ; il ouvre également des portes vers la connaissance de soi et l'expérimentation de possibilités qui, à l'état de veille, seraient limitées par les lois de la physique.

Depuis la fin du XIXe siècle, lorsque les premiers récits systématiques sur les rêves lucides ont commencé à émerger en Occident, jusqu'à nos jours, la quête pour comprendre et induire ce phénomène a mobilisé des chercheurs, des praticiens et des passionnés du monde entier. Le psychiatre néerlandais Frederik van Eeden fut l'un des premiers à décrire en détail l'expérience de la lucidité onirique. À partir de là, des recherches ont commencé à se développer, bien que de manière marginale. Ce n'est qu'avec les progrès des neurosciences et de la psychologie expérimentale au XXe siècle que la validité des rêves lucides a été largement reconnue. Les expériences menées par Stephen LaBerge à l'Université de Stanford, par exemple, ont démontré scientifiquement qu'il était possible d'être conscient dans un rêve et même d'interagir avec l'environnement onirique de manière contrôlée. Ces découvertes ont non seulement légitimé le sujet dans le milieu universitaire, mais ont également permis le développement de techniques accessibles pour que chacun puisse expérimenter la lucidité dans ses rêves.

L'impact de cette pratique va bien au-delà de la simple curiosité scientifique. Au fil des ans, le rêve lucide a été exploré comme un outil puissant pour améliorer les compétences, surmonter les traumatismes et développer la créativité. Des techniques développées par des chercheurs et des praticiens permettent aux rêveurs d'apprendre à interagir consciemment avec leurs propres peurs, à affronter des cauchemars récurrents et à donner un nouveau sens à des expériences traumatisantes. De plus, les athlètes et les artistes ont utilisé les rêves lucides comme un espace d'entraînement mental, où ils peuvent perfectionner leurs techniques et tester de nouvelles idées sans les contraintes du monde physique. Avec les progrès de la technologie, des appareils et des applications ont été créés pour aider à induire la lucidité onirique, rendant l'expérience plus accessible et plus fréquente. La culture populaire a également joué un rôle crucial dans la diffusion du sujet, avec des films, des livres et des jeux vidéo qui explorent la possibilité de manipuler consciemment les rêves, éveillant la curiosité du public et encourageant de nouvelles recherches. Aujourd'hui, l'exploration du rêve lucide n'est pas seulement un domaine d'étude, mais un phénomène en constante expansion, unissant la science, la technologie et la tradition dans la quête de la compréhension et de la transformation de l'esprit humain.

La redécouverte des rêves lucides dans l'Occident moderne a commencé à la fin du XIXe siècle et au début du XXe siècle, lorsque des psychiatres et des chercheurs en phénomènes mentaux ont commencé à s'intéresser au sujet. Le terme "rêve lucide" a été inventé en 1913 par le psychiatre néerlandais Frederik van Eeden, qui a documenté ses propres expériences de lucidité onirique. Il s'est rendu compte que, dans certains rêves, il avait pleinement conscience qu'il rêvait et pouvait, dans certains cas, modifier les événements. Ce récit a attiré l'attention d'autres chercheurs, mais pendant longtemps, les rêves lucides sont restés en marge de la science, considérés davantage comme une curiosité que comme un phénomène digne d'une étude systématique.

Dans les années 1970 et 1980, tout a commencé à changer avec les expériences menées par Stephen LaBerge à l'Université de Stanford. Déterminé à prouver scientifiquement que la lucidité dans les rêves était réelle et vérifiable, LaBerge a développé un protocole dans lequel les rêveurs lucides faisaient des signaux oculaires spécifiques pendant qu'ils dormaient. Comme les mouvements oculaires ne sont pas paralysés pendant le sommeil paradoxal (REM), les chercheurs ont pu enregistrer ces signaux en temps réel, prouvant que le rêve lucide n'était pas seulement un récit subjectif, mais un état mesurable de l'esprit.

À partir de ces découvertes, LaBerge a non seulement légitimé le phénomène dans le milieu universitaire, mais a également développé des méthodes pratiques pour induire des rêves lucides de manière systématique. Il a créé la technique d'induction mnémonique du rêve lucide, basée sur l'intention et la répétition de commandes mentales avant de s'endormir, et a publié des livres qui ont fait connaître la pratique au grand public. Ainsi, le rêve lucide a cessé d'être un phénomène sporadique pour devenir une compétence accessible à toute personne désireuse de s'entraîner.

À la même époque, l'intérêt pour les rêves lucides a été stimulé par des mouvements liés à la spiritualité et à l'expansion de la conscience. Le livre "L'Art de rêver" de Carlos Castaneda a présenté le concept à un public plus large en décrivant des enseignements chamaniques sur la conscience onirique. Bien que son œuvre mêle fiction et réalité, elle a contribué à populariser l'idée que le monde des rêves pouvait être exploré de manière consciente, renforçant ainsi l'intérêt pour les pratiques menant à la lucidité onirique.

Avec l'arrivée de l'ère numérique, l'étude et la pratique des rêves lucides se sont encore développées. Des forums en ligne, des communautés de rêveurs lucides et des groupes d'étude ont commencé à se former, permettant à des personnes du monde entier de partager leurs expériences, leurs techniques et leurs découvertes. L'accès à l'information scientifique est également devenu plus facile, permettant à un nombre croissant de personnes de s'intéresser à ce phénomène.

Dans le même temps, la technologie a commencé à jouer un rôle crucial dans l'induction et l'étude des rêves lucides. Des dispositifs tels que les masques de rêve lucide, qui émettent des signaux lumineux ou sonores pendant le sommeil paradoxal pour alerter le rêveur qu'il est en train de rêver, ont été développés pour faciliter le processus d'induction. Des applications pour téléphones portables ont commencé à apparaître, aidant les praticiens à enregistrer et à analyser leurs rêves, tandis que les neurosciences progressaient dans la cartographie du cerveau pendant la lucidité onirique.

Au-delà de l'aspect expérimental et technologique, le rêve lucide a commencé à être exploré dans divers domaines, notamment la psychologie et la médecine. Des thérapies basées sur les rêves lucides ont commencé à être utilisées pour traiter les cauchemars récurrents et les troubles du sommeil. Les patients souffrant de stress post-traumatique ont appris à interagir consciemment avec leurs cauchemars, réduisant ainsi l'impact émotionnel des souvenirs traumatisants. Les athlètes et les artistes ont découvert qu'ils pouvaient s'entraîner mentalement dans les rêves lucides, améliorant ainsi leurs compétences et explorant de nouvelles formes de créativité.

L'intérêt pour le sujet a tellement grandi qu'aujourd'hui, des universités et des centres de recherche mènent des études sur les effets et les applications des rêves lucides. Les scientifiques étudient comment ce phénomène peut influencer la neuroplasticité du cerveau, améliorer l'apprentissage et même offrir des aperçus sur la nature de la conscience. Certaines recherches explorent la possibilité d'utiliser la lucidité onirique pour simuler et résoudre des problèmes complexes, en tirant parti de la liberté mentale que les rêves offrent.

Outre le milieu universitaire, la culture populaire a également contribué à diffuser le concept des rêves lucides. Des films comme "Inception" ont exploré l'idée d'un monde onirique où les gens peuvent manipuler la réalité, éveillant la curiosité du public sur la possibilité de contrôler leurs propres rêves. Des séries, des livres et des jeux vidéo ont commencé à aborder le sujet, reflétant l'intérêt croissant de la société pour les états de conscience alternatifs.

Le rêve lucide, autrefois considéré comme un phénomène rare et mal compris, occupe désormais une place de plus en plus importante dans le domaine de l'exploration mentale et du développement humain. Il prouve non seulement la plasticité de l'esprit, mais offre également un aperçu des possibilités infinies qui existent au sein de la conscience. Ce qui était autrefois une connaissance réservée à quelques-uns est maintenant accessible à toute personne intéressée par l'exploration du monde des rêves en pleine conscience.

L'avenir des études sur les rêves lucides semble prometteur. À mesure que la science progresse et que de nouvelles technologies émergent, de plus en plus de personnes auront accès à des méthodes pour induire et explorer cet état. Ce qui était autrefois un mystère devient maintenant un outil pour la connaissance de soi, la créativité et la compréhension de l'esprit humain. En combinant les connaissances anciennes et modernes, la tradition et l'innovation, les rêves lucides continuent d'évoluer comme l'un des territoires les plus fascinants de l'expérience humaine.

Chapitre 13
Préparation au Voyage Onirique

La préparation au voyage onirique commence bien avant de fermer les yeux pour s'endormir ; elle implique la création d'un environnement propice, le développement d'habitudes saines et la construction d'un état d'esprit favorable à la lucidité onirique. La première étape fondamentale est de cultiver une relation plus profonde avec ses propres rêves, en reconnaissant leur importance et en prêtant attention aux détails de chaque expérience nocturne. Souvent, la difficulté à atteindre la lucidité ne réside pas dans l'incapacité du cerveau à s'éveiller dans le rêve, mais dans le manque de familiarité et d'implication dans son propre monde onirique. Prendre l'habitude de noter ses rêves dans un journal au réveil est l'un des moyens les plus efficaces de renforcer ce lien, car cela permet d'identifier des schémas, des thèmes récurrents et des signes qui peuvent être utilisés comme déclencheurs de lucidité. Plus on écrit et réfléchit sur ses rêves, plus le cerveau apprend à valoriser et à se souvenir de ces expériences, augmentant naturellement la fréquence de la conscience onirique.

Au-delà de la tenue d'un journal des rêves, la préparation physique et mentale joue un rôle crucial dans le voyage onirique. Un sommeil de qualité est essentiel pour toute pratique de lucidité, car c'est pendant les phases les plus profondes du sommeil paradoxal (REM) que les rêves deviennent plus vifs et propices à l'éveil de la conscience. Créer un environnement de repos idéal signifie minimiser les distractions externes, réguler la température de la chambre et éviter l'exposition aux lumières artificielles avant de dormir, en particulier celles émises par les écrans d'appareils électroniques. De même, les habitudes alimentaires influencent également l'expérience onirique : une alimentation équilibrée, avec un apport d'aliments riches en tryptophane et en vitamine B6, peut potentialiser l'intensité des rêves et favoriser la mémoire onirique. Éviter les stimulants comme la caféine et l'alcool avant de dormir contribue à un sommeil plus profond et réparateur, essentiel pour atteindre des états de lucidité dans les rêves.

La préparation mentale implique à la fois la programmation de l'intention et le contrôle des émotions associées à l'expérience onirique. La répétition d'affirmations avant de dormir, telles que "cette nuit, je serai conscient dans mes rêves", fonctionne comme une suggestion hypnotique qui renforce l'attente de lucidité. La visualisation est également une technique puissante : s'imaginer dans un rêve lucide, ressentir des sensations et interagir consciemment avec l'environnement onirique, crée un conditionnement mental qui augmente la probabilité de vivre cet état dans la pratique. De plus, il est essentiel de faire face aux éventuelles craintes inconscientes liées au rêve lucide, comme la peur de l'inconnu ou de la perte de contrôle. Cultiver une attitude de curiosité et d'exploration, en comprenant que le rêve lucide est un espace sûr pour l'expérimentation, aide à dissiper les insécurités et les blocages émotionnels qui peuvent entraver l'expérience. Avec une préparation adéquate, le voyage onirique devient plus accessible et enrichissant, offrant des expériences riches, transformatrices et de plus en plus fréquentes.

L'environnement dans lequel on dort joue un rôle crucial dans la qualité du sommeil et, par conséquent, dans l'expérience onirique. Une chambre sombre, silencieuse et confortable favorise des cycles de sommeil plus stables, augmentant les chances d'atteindre pleinement le sommeil paradoxal. Éviter les lumières artificielles fortes avant de dormir, en particulier celles émises par les écrans de téléphones portables et d'ordinateurs, aide à réguler la production de mélatonine, l'hormone responsable du sommeil. La température ambiante influence également le repos, un espace frais et aéré étant recommandé. De petits ajustements dans le lieu de repos peuvent faire une différence significative dans la profondeur des rêves et la facilité d'atteindre des états de lucidité.

Au-delà des conditions extérieures, la préparation mentale est également essentielle. De nombreuses personnes s'endorment avec des préoccupations, des pensées éparses et des émotions désorganisées, ce qui peut rendre les rêves chaotiques et difficiles à retenir. Créer un rituel avant de dormir, comme la méditation ou des techniques de relaxation, aide à calmer l'esprit et à orienter l'intention vers la lucidité onirique. Des exercices de respiration profonde et de visualisation avant de s'endormir peuvent être particulièrement utiles pour établir une connexion plus consciente avec le monde des rêves.

Un autre aspect fondamental est la programmation de l'intention. Tout au long de l'histoire, les traditions spirituelles et les pratiques d'incubation de rêves ont démontré que définir une intention claire avant de dormir peut influencer directement le contenu onirique. Répéter mentalement des phrases telles que "cette nuit, je serai conscient dans mon rêve" ou visualiser un scénario spécifique dans le rêve renforce cette programmation, augmentant la probabilité de s'éveiller dans l'expérience onirique. La répétition quotidienne de cette pratique renforce le lien entre la conscience éveillée et la conscience onirique.

Un sommeil régulier et bien structuré est l'un des principaux piliers de la pratique des rêves lucides. Créer une routine avec des horaires fixes pour dormir et se réveiller stabilise les cycles de sommeil, garantissant que les périodes de sommeil paradoxal – où les rêves lucides sont les plus probables – se produisent de manière prévisible. Les personnes qui dorment peu d'heures par nuit ou qui ont des habitudes de sommeil irrégulières peuvent avoir des difficultés à développer la lucidité onirique, car l'instabilité du sommeil interfère avec la capacité du cerveau à entrer dans des états de conscience profonds.

La relation entre l'alimentation et les rêves mérite également attention. Certains aliments et substances peuvent influencer la qualité du sommeil et l'intensité des rêves. Éviter la caféine, la nicotine et d'autres stimulants dans les heures précédant le sommeil peut aider à maintenir un repos plus profond. Il a été démontré que certains aliments riches en vitamine B6 peuvent augmenter la vivacité des rêves, tout comme certains compléments qui stimulent l'activité cérébrale pendant le sommeil paradoxal. Cependant, toute expérimentation avec des compléments doit être faite avec prudence et responsabilité, en privilégiant toujours un sommeil naturel et sain.

En plus de ces préparations physiques et mentales, il est important d'aborder les aspects émotionnels et psychologiques de la pratique des rêves lucides. De nombreuses personnes ont des craintes inconscientes à l'idée de s'éveiller dans leurs propres rêves, craignant de perdre le contrôle ou de faire face à des expériences inconnues. Ce type de blocage peut entraver la progression dans le voyage onirique. Une façon de surmonter cette peur est de développer une mentalité de curiosité et d'exploration, en se rappelant que le rêve lucide est un environnement sûr où rien ne peut causer de dommages réels.

Un autre aspect psychologique important est la patience. Le développement de la lucidité dans les rêves est un processus graduel, qui demande constance et dévouement. Certaines personnes parviennent à faire des rêves lucides rapidement, tandis que d'autres ont besoin de semaines ou de mois de pratique avant d'obtenir des résultats satisfaisants. Éviter les frustrations et maintenir une approche légère et positive aide à garder la motivation tout au long du chemin.

La connaissance de soi joue un rôle essentiel dans la préparation au voyage onirique. Chaque personne a une relation unique avec ses rêves, et comprendre ses propres schémas oniriques peut faciliter l'induction de la lucidité. Observer quels types de rêves sont les plus fréquents, quelles émotions prédominent et quels éléments apparaissent régulièrement peut fournir des indices précieux pour reconnaître quand on est en train de rêver. Le voyage vers la lucidité onirique commence bien avant de s'endormir. Créer un environnement propice, établir une routine de sommeil saine, préparer l'esprit avec intention et surmonter les éventuels blocages émotionnels sont des étapes fondamentales pour ceux qui souhaitent explorer le monde des rêves de manière consciente. En alignant ces éléments, le rêveur établit une base solide pour des expériences plus riches, plus stables et plus significatives, ouvrant la voie à la véritable maîtrise de l'univers onirique.

Chapitre 14
Tenir un Journal de Rêves

La tenue régulière d'un journal de rêves est un exercice puissant qui renforce le lien entre l'esprit conscient et le monde onirique. Elle permet au rêveur de mieux comprendre ses expériences nocturnes et, par conséquent, d'augmenter ses chances d'atteindre la lucidité en rêve. Cette pratique n'améliore pas seulement la mémoire onirique, mais aide également à identifier les schémas récurrents, les émotions sous-jacentes et les symboles personnels qui peuvent servir de déclencheurs à la prise de conscience pendant le sommeil. Le cerveau, lorsqu'il est entraîné à accorder de l'importance aux rêves, réagit en intensifiant sa capacité de mémorisation et en rendant les images oniriques plus vives et détaillées. Ainsi, le journal se transforme en une véritable carte du voyage intérieur, offrant au rêveur un moyen de naviguer avec plus de clarté dans l'univers des songes.

Pour tirer le meilleur parti d'un journal de rêves, il est essentiel d'établir une routine disciplinée de notation immédiate au réveil. Dans les premiers instants après le réveil, les souvenirs des rêves sont encore frais, mais ils ont tendance à s'estomper rapidement s'ils ne sont pas notés. Rester quelques instants en silence, les yeux fermés et concentré sur la récupération de fragments du rêve, peut aider à retrouver des détails importants avant qu'ils ne se dissipent. Même si, au début, les souvenirs sont vagues ou incomplets, noter des mots-clés ou des images isolées contribue déjà à renforcer la mémoire onirique. Avec le temps, la pratique continue augmente la capacité de rappel, permettant au rêveur de se souvenir non seulement d'un, mais de plusieurs rêves par nuit, y compris leurs séquences et leurs transitions. De plus, décrire les rêves avec une grande richesse de détails – en notant les décors, les sensations, les dialogues et les émotions – améliore la perception de l'expérience onirique et facilite l'identification des éléments qui se répètent au fil du temps.

Un autre aspect fondamental du journal de rêves est l'analyse des notes accumulées. En relisant périodiquement les annotations, des schémas commencent à émerger : certains lieux, personnages ou situations ont tendance à se répéter, révélant des signes oniriques qui peuvent être utilisés comme déclencheurs de lucidité. Reconnaître ces schémas et les entraîner dans l'esprit éveillé augmente la probabilité de se rendre compte que l'on est en train de rêver, une étape essentielle pour le développement de la conscience onirique. De plus, l'interprétation des rêves peut offrir des aperçus précieux sur la psyché du rêveur, contribuant à la connaissance de soi et à la compréhension des conflits intérieurs. Maintenir cette habitude n'enrichit pas seulement l'expérience du rêve lucide, mais transforme également l'acte de rêver en un voyage d'apprentissage et d'exploration continus, dans lequel l'esprit devient plus réceptif aux messages qui émergent de l'inconscient.

Beaucoup de gens croient qu'ils ne rêvent pas parce qu'ils se souviennent rarement de quelque chose au réveil. Cependant, la vérité est que tout le monde rêve plusieurs fois par nuit, en particulier pendant le sommeil paradoxal (REM). Le problème ne réside pas dans l'absence de rêves, mais dans la difficulté de les capturer avant qu'ils ne s'évanouissent. Tout comme un muscle qui n'est pas utilisé s'affaiblit, la mémoire des rêves peut être améliorée avec de la pratique et de l'attention. Plus une personne s'habitue à noter ce dont elle se souvient, plus de détails commencent à émerger, et la sensation d'immersion dans les rêves s'intensifie.

Le journal de rêves doit toujours être à portée de main, prêt à être utilisé dès que le rêveur se réveille. La première règle au réveil est d'éviter les mouvements brusques et de garder les yeux fermés pendant quelques instants, en essayant de récupérer n'importe quel fragment de rêve avant de laisser l'esprit se distraire par les stimuli de l'environnement. Dès qu'un souvenir surgit, même s'il est vague ou décousu, il est essentiel de le noter immédiatement. Des mots-clés peuvent être notés en premier, puis les détails peuvent être développés au fur et à mesure que la mémoire se précise.

La manière dont les rêves sont enregistrés fait également une différence. Écrire de manière narrative, en décrivant les événements comme s'il s'agissait d'une histoire, aide à renforcer le lien avec le contenu onirique. Des détails tels que les couleurs, les émotions, les sensations physiques et les dialogues doivent être inclus chaque fois que possible. Même les rêves fragmentés ou apparemment dénués de sens doivent être notés, car des schémas peuvent émerger avec le temps. De plus, inclure la date et un titre pour chaque rêve peut faciliter l'organisation et l'analyse ultérieure.

Outre l'écriture, d'autres formes d'enregistrement peuvent être explorées. Certaines personnes préfèrent faire des dessins des décors ou des personnages de leurs rêves, tandis que d'autres utilisent des enregistrements audio pour enregistrer les souvenirs plus rapidement avant qu'ils ne s'estompent. L'important est de créer une habitude cohérente, car la régularité dans l'enregistrement renforce la mémoire onirique et prépare le chemin vers la lucidité.

L'analyse des rêves enregistrés est un autre aspect essentiel de la pratique. En relisant le journal périodiquement, des schémas commencent à apparaître. Certains lieux, personnes ou thèmes peuvent apparaître fréquemment, indiquant des éléments récurrents de la psyché du rêveur. Ces schémas sont connus sous le nom de signes de rêve, des éléments qui peuvent servir de déclencheurs à la lucidité onirique. Lorsque le rêveur reconnaît ces signes à l'intérieur d'un rêve, il a plus de chances de se rendre compte qu'il est en train de rêver.

En plus d'identifier des schémas, la réflexion sur les rêves peut révéler des aspects profonds de l'inconscient. Les émotions refoulées, les préoccupations et les désirs peuvent se manifester symboliquement dans les rêves, fournissant du matériel pour la connaissance de soi. Certaines personnes utilisent le journal de rêves comme un outil d'introspection, cherchant des liens entre les thèmes oniriques et les événements de la vie éveillée.

La pratique de l'enregistrement des rêves contribue également à rendre les rêves plus vifs. Lorsque l'esprit perçoit que le contenu onirique est valorisé, les rêves ont tendance à devenir plus détaillés et plus captivants. Les rêveurs qui tiennent des journaux signalent une augmentation de la clarté des décors, de la profondeur des interactions et de l'intensité des émotions dans les rêves. Cette augmentation de la vivacité facilite la transition vers la lucidité, car plus un rêve semble réaliste, plus le rêveur est susceptible de remettre en question sa nature.

Le journal de rêves n'est pas seulement un enregistrement passif, mais un outil actif d'entraînement à la lucidité onirique. Il renforce la mémoire des rêves, révèle des schémas cachés, élargit la conscience du monde onirique et crée un pont entre l'état éveillé et l'état de rêve. Avec le temps, cette habitude devient une partie naturelle de la routine du rêveur, transformant l'acte de dormir en une expérience plus riche et plus significative.

En s'engageant dans cette pratique, le rêveur établit une base solide pour les prochaines étapes du voyage. Avec une mémoire onirique plus aiguisée et un répertoire de rêves bien documenté, il sera mieux préparé à reconnaître quand il est en train de rêver et, éventuellement, à prendre le contrôle de son expérience dans le monde onirique.

Chapitre 15
Améliorer la Mémorisation des Rêves

La mémorisation des rêves est une faculté qui se cultive et s'affine avec méthode et assiduité. Elle permet au rêveur d'accéder plus clairement à ses expériences oniriques et de les utiliser comme tremplin vers la lucidité. Bien que nous rêvions tous chaque nuit, beaucoup peinent à se souvenir de ces voyages intérieurs, car le cerveau ne priorise pas spontanément la rétention des informations oniriques. Pour renforcer cette mémoire, il est donc crucial d'adopter des stratégies qui aident à capturer et à emmagasiner les rêves avant qu'ils ne s'évanouissent.

La première étape, et la plus fondamentale, consiste à développer une intention claire de se souvenir de ses rêves. On peut y parvenir par la répétition mentale avant de s'endormir, en prenant l'engagement de se rappeler ses rêves au réveil. Ce simple exercice de suggestion oriente l'attention de l'esprit vers l'expérience onirique, augmentant ainsi les chances de récupérer les rêves plus aisément.

La manière dont on se réveille influence également directement notre capacité à retenir les souvenirs oniriques. L'idéal est d'éviter les mouvements brusques au réveil, car la transition rapide entre le sommeil et l'éveil peut effacer complètement les réminiscences des rêves. Rester les yeux fermés quelques instants et tenter de revivre mentalement les dernières sensations ou images perçues avant le réveil aide à récupérer des fragments de rêves. Si le souvenir paraît flou, changer de position dans le lit peut stimuler différentes zones de la mémoire et faire ressurgir des détails supplémentaires. De plus, tenir un journal de rêves à portée de main et y consigner immédiatement le moindre fragment mémorisé renforce l'habitude de prêter attention aux rêves, entraînant l'esprit à les retenir plus longtemps. Même si, au début, les notes se résument à des mots épars ou à des images décousues, la mémoire onirique se développe avec le temps, permettant de se souvenir de séquences plus longues et plus détaillées.

D'autres facteurs influent également sur notre capacité à nous souvenir des rêves, tels que la qualité du sommeil et l'alimentation. Dormir suffisamment longtemps pour atteindre les phases les plus profondes du sommeil paradoxal (REM) accroît l'intensité des rêves et la probabilité de s'en souvenir. Avoir des horaires de coucher et de lever réguliers contribue à un cycle de sommeil stable, ce qui améliore la rétention de la mémoire onirique. De plus, certains aliments, comme ceux riches en vitamine B6 et en tryptophane, peuvent stimuler l'activité cérébrale pendant le sommeil et intensifier la vivacité des rêves. En associant ces habitudes à une attitude mentale attentive et curieuse envers le monde onirique, le souvenir des rêves devient progressivement plus net, offrant une base solide pour atteindre et explorer la lucidité plus fréquemment et avec davantage de maîtrise.

Le cerveau humain a la capacité naturelle de rêver chaque nuit, mais le souvenir de ces événements dépend de facteurs spécifiques. Au réveil, les rêves ont tendance à s'estomper rapidement, souvent en quelques minutes. Cela s'explique par le fait que le cerveau donne la priorité aux informations de l'état de veille, et les rêves, en tant qu'expériences sans lien direct avec la réalité objective, ne sont pas stockés efficacement dans la mémoire à long terme. Pour contourner cette limite, certaines stratégies peuvent être mises en œuvre pour capturer les fragments de rêves avant qu'ils ne se dissipent.

La première étape pour améliorer la mémorisation des rêves est de s'entraîner à se réveiller de manière consciente. En ouvrant les yeux le matin, l'idéal est d'éviter tout mouvement brusque et de rester dans la même position pendant quelques instants. Bouger rapidement le corps ou commencer à penser aux tâches de la journée peut interrompre le processus de récupération de la mémoire onirique. Rester les yeux fermés et essayer de se souvenir de ce qui se passait avant le réveil aide à faire remonter à la surface des fragments de rêves. Si rien ne vient immédiatement, changer de position dans le lit peut activer différents états de la mémoire et récupérer des souvenirs qui semblaient perdus.

Un autre facteur qui influe sur le rappel des rêves est la durée du sommeil. Le sommeil paradoxal, phase durant laquelle les rêves les plus intenses se produisent, devient plus fréquent dans les dernières heures de la nuit. C'est pourquoi les personnes qui dorment peu ou qui ont des habitudes de sommeil irrégulières ont tendance à moins se souvenir de leurs rêves. Avoir une routine de sommeil stable et s'assurer d'un temps de repos suffisant favorise l'augmentation de l'activité onirique et améliore la capacité à se souvenir des rêves au réveil.

La suggestion avant de dormir est une technique efficace pour renforcer la mémoire des rêves. Avant de s'endormir, se répéter mentalement des phrases telles que "Je vais me souvenir de mes rêves au réveil" aide à programmer l'esprit pour qu'il accorde de l'importance aux expériences oniriques. La répétition de ces affirmations crée une intention claire, augmentant la probabilité que le cerveau retienne et récupère les informations des rêves au réveil. Cette technique est particulièrement efficace lorsqu'elle est combinée à un journal de rêves, car en consignant régulièrement ses rêves, l'esprit commence à comprendre que ce contenu est pertinent et mérite d'être mémorisé.

Se réveiller pendant la nuit peut également être une stratégie utile. Étant donné que les rêves se produisent au cours de différents cycles tout au long de la nuit, se réveiller au bon moment peut faciliter le rappel. Certaines personnes utilisent des réveils réglés sur des heures où il est plus probable qu'elles sortent d'une période de sommeil paradoxal, ce qui augmente les chances de se souvenir des rêves avant qu'ils ne soient effacés par la transition vers une phase de sommeil plus profond. D'autres préfèrent se réveiller naturellement pendant la nuit et noter tout fragment de rêve qui leur vient à l'esprit, même s'il ne s'agit que d'une sensation ou d'un bref décor.

L'alimentation et la biochimie du corps jouent également un rôle important dans la mémorisation des rêves. Des études indiquent que la vitamine B6 peut augmenter la vivacité et le rappel des rêves, car elle participe à la conversion du tryptophane en sérotonine, un neurotransmetteur impliqué dans la régulation du sommeil et des processus cognitifs. Les aliments riches en tryptophane, comme les bananes, les noix et les produits laitiers, peuvent contribuer à un sommeil plus profond et à une meilleure mémoire onirique. Cependant, toute modification du régime alimentaire doit être effectuée avec modération, car un excès de stimulants ou d'aliments trop lourds avant de dormir peut nuire à la qualité du repos.

En plus de ces stratégies, développer une attitude de curiosité et d'attention envers les rêves rend l'esprit plus réceptif à ces derniers. Pendant la journée, réfléchir à ses rêves passés, imaginer leurs prolongements possibles et partager ses expériences oniriques avec d'autres personnes renforce la connexion avec le monde des rêves. Cette habitude crée un état mental propice à la reconnaissance et à la mémorisation des rêves plus aisée.

L'amélioration de la mémoire onirique ne se produit pas instantanément, mais avec patience et pratique, les rêves commencent à devenir plus accessibles. Au début, il se peut que seuls des fragments soient remémorés, mais avec le temps, le rappel devient plus détaillé et complet. Lorsque cette compétence est bien développée, l'étape suivante du voyage onirique devient plus naturelle : percevoir les schémas récurrents dans les rêves et utiliser ces informations pour atteindre la lucidité plus fréquemment et avec une plus grande maîtrise.

Chapitre 16
Signes Oniriques et Schémas Personnels

L'esprit humain est une vaste scène où des motifs cachés émergent au repos, révélant des aspects profonds du subconscient. Dans l'univers des rêves, certains éléments se répètent de manière singulière, se manifestant comme des symboles récurrents qui, une fois reconnus, deviennent des clés pour l'éveil de la conscience onirique. L'identification de ces signes n'est pas fortuite ; elle reflète au contraire l'organisation interne des expériences, des souvenirs et des émotions de chacun. Chaque personne porte en elle un répertoire unique de thèmes qui imprègnent ses rêves, agissant comme un reflet de sa psyché et pouvant servir de portails vers le développement de la lucidité. Ce processus de perception et d'analyse des rêves permet non seulement une plus grande maîtrise des expériences oniriques, mais aussi une immersion profonde dans sa propre essence, favorisant la découverte de soi et l'amélioration de la conscience.

Dans cette dynamique, la répétition de certains symboles ou situations dans les rêves n'est pas un phénomène aléatoire, mais plutôt un mécanisme structuré par l'inconscient, qui communique à travers des images et des sensations. L'esprit utilise des schémas familiers pour établir une connexion entre l'état de veille et le monde onirique, créant un fil conducteur que le rêveur attentif peut suivre. Des maisons inconnues, des paysages récurrents, des figures mystérieuses ou même l'expérience de voler ne sont que quelques-unes des manifestations qui ont tendance à se répéter dans les rêves, et qui sont fondamentales pour la construction d'un système de reconnaissance onirique. En percevant ces schémas, l'individu commence à créer une carte symbolique de son propre esprit, identifiant les éléments qui peuvent servir de signaux indiquant qu'il est en train de rêver. Cette cartographie, lorsqu'elle est associée à la pratique et au développement de techniques spécifiques, devient un outil puissant pour atteindre des états de lucidité et de contrôle plus profonds dans les rêves.

    La reconnaissance des schémas oniriques améliore non seulement la capacité à devenir conscient dans le rêve, mais révèle également des aspects émotionnels et psychologiques qui restent souvent cachés à l'état de veille. Les thèmes récurrents peuvent être liés à des expériences passées, des émotions refoulées ou même des désirs inexprimés, agissant comme un miroir symbolique de l'esprit inconscient. En enregistrant et en analysant ces schémas, il devient possible de mieux comprendre les dynamiques internes qui influencent à la fois la vie onirique et la réalité éveillée. Le processus d'apprentissage et de familiarisation avec les signes des rêves élargit non seulement la compréhension de son propre univers intérieur, mais ouvre également la voie à des expériences oniriques plus vives et contrôlées, permettant au rêveur d'interagir intentionnellement avec le monde des rêves et d'explorer tout son potentiel.

Chaque personne possède un répertoire unique de thèmes récurrents dans ses rêves. Certains peuvent rêver fréquemment de voler, tandis que d'autres peuvent se retrouver à plusieurs reprises dans une maison inconnue, retrouver des amis d'enfance ou faire face à des défis spécifiques. Ces éléments peuvent se manifester de différentes manières, mais le schéma sous-jacent demeure, créant des opportunités pour le rêveur de réaliser qu'il est dans un rêve.

La première étape pour utiliser les signes oniriques en faveur de la lucidité est de les identifier consciemment. Tenir un journal de rêves permet aux schémas de devenir évidents au fil du temps. En révisant régulièrement les notes, il est possible de remarquer des thèmes récurrents, des symboles fréquents et des situations qui surgissent à répétition. Noter ces signes de manière organisée, en créant une liste de déclencheurs potentiels de lucidité, augmente les chances de les reconnaître au moment où ils se produisent.

Les signes des rêves peuvent être classés en différentes catégories. La première est celle des signes personnels, qui comprennent des éléments directement liés à l'histoire et aux émotions du rêveur. Il peut s'agir d'un lieu fréquemment visité dans l'enfance, d'un objet significatif ou même d'une sensation spécifique qui se manifeste toujours dans l'état onirique. Ces signes sont les plus puissants, car ils sont profondément enracinés dans la psyché de l'individu et ont plus de chances d'apparaître fréquemment.

Une autre catégorie est celle des signes impossibles, qui comprennent des éléments qui ne pourraient pas se produire dans le monde éveillé. Des personnes décédées apparaissant dans le rêve, des scénarios qui défient la physique, des changements brusques dans l'environnement ou même la présence de capacités extraordinaires, comme la lévitation et la télékinésie, sont des indices clairs qu'il s'agit d'un rêve. Cependant, en raison de l'inhibition de la pensée critique pendant le sommeil, le rêveur accepte normalement ces situations sans les remettre en question. En entraînant l'esprit à reconnaître ces anomalies, la possibilité d'éveiller la lucidité augmente considérablement.

Il y a aussi les signes subtils, qui sont plus difficiles à percevoir, mais qui indiquent néanmoins que la réalité onirique est en marche. Des sensations telles que la difficulté à courir, des changements dans l'éclairage de l'environnement, des mots qui changent lorsqu'on les relit et même l'étrange logique des dialogues peuvent être des indicateurs précieux que quelque chose sort de l'ordinaire. Ces détails, bien que discrets, peuvent servir de points d'ancrage pour s'éveiller dans le rêve.

Une stratégie efficace pour renforcer la reconnaissance de ces signes est de formuler l'intention avant de dormir. Avant de s'endormir, le rêveur peut passer en revue mentalement les signes qu'il a identifiés dans ses rêves précédents et affirmer que, s'il les retrouve, il saura qu'il est en train de rêver. Ce conditionnement mental prépare l'esprit à réagir avec conscience lorsque ces éléments surgissent dans l'état onirique.

En plus d'identifier les signes récurrents, le développement d'un état mental plus interrogateur pendant la veille peut augmenter la sensibilité à percevoir les incohérences dans le monde des rêves. Se demander à plusieurs reprises au cours de la journée si l'on est en train de rêver et observer les détails de la réalité éveillée aide à créer une habitude qui peut être transportée dans l'état onirique. Lorsque cette pratique devient une partie intégrante de la vie quotidienne, l'esprit commence à répéter cette question également dans les rêves, facilitant l'éveil de la lucidité.

Les schémas des rêves aident non seulement à induire la lucidité, mais révèlent également des aspects profonds de l'esprit inconscient. Certains thèmes récurrents peuvent être liés à des émotions non résolues, des expériences passées ou des désirs refoulés. Explorer ces schémas consciemment peut offrir des aperçus précieux sur sa propre psyché, permettant une meilleure compréhension de soi.

À partir du moment où le rêveur apprend à reconnaître les signes dans le rêve, le voyage vers le contrôle onirique devient plus fluide et naturel. La lucidité commence à se produire plus fréquemment et de manière plus constante, car l'esprit est déjà entraîné à identifier les éléments qui indiquent que l'on est en train de rêver. En améliorant cette perception, la prochaine étape sera d'apprendre à tester activement la réalité, en consolidant la conscience onirique et en se préparant à interagir avec les rêves de manière plus intentionnelle.

Chapitre 17
Les Tests de Réalité

L'esprit humain fonctionne dans un équilibre délicat entre veille et sommeil, traitant les informations de manière automatique et remettant rarement en question la réalité. À l'état de veille, nous nous fions entièrement à nos perceptions sensorielles et à la logique des événements quotidiens, sans avoir besoin de tests constants pour valider l'authenticité du monde qui nous entoure. Cependant, dans les rêves, cette confiance aveugle persiste, et le rêveur accepte comme normales même les situations les plus absurdes.

La capacité de discerner entre réalité et rêve exige le développement d'un regard plus critique et interrogateur, une habitude qui doit être cultivée intentionnellement. Cet entraînement mental consiste à défier nos perceptions, en intégrant de petits tests tout au long de la journée pour créer un réflexe automatique qui s'étendra aux rêves. L'adoption de cette méthode renforce la possibilité d'atteindre la lucidité onirique, permettant à l'individu de s'éveiller dans son propre rêve et d'interagir consciemment avec lui.

Les tests de réalité fonctionnent parce qu'ils exploitent les incohérences inhérentes au monde des rêves. Dans l'environnement onirique, les lois naturelles telles que la physique, la cohérence spatiale et la stabilité visuelle sont souvent altérées sans que le rêveur ne s'en aperçoive. En introduisant dans le quotidien de petits défis qui remettent en question ces lois, le cerveau apprend à reconnaître plus efficacement les discordances lorsqu'elles surviennent pendant le sommeil.

Ce processus repose sur la répétition et le conditionnement : en effectuant régulièrement des tests tout au long de la journée, l'esprit intériorise l'habitude et la transpose dans l'état onirique. Cependant, cet entraînement exige plus que la simple répétition mécanique des tests ; un état de doute sincère et une observation attentive sont nécessaires. L'acte de se demander sincèrement "Suis-je en train de rêver maintenant ?" doit s'accompagner d'un examen détaillé de l'environnement et d'une tentative réelle de trouver des anomalies qui pourraient indiquer un rêve. Lorsque ce niveau d'attention est atteint, la pratique devient beaucoup plus efficace et augmente la fréquence des moments de lucidité pendant les rêves.

L'application systématique des tests de réalité permet au rêveur de transformer son propre esprit en un instrument de discernement. De petits détails qui passaient auparavant inaperçus commencent à se démarquer, et la perception de l'expérience quotidienne s'approfondit. Cette augmentation de la conscience ne profite pas seulement à la lucidité onirique, mais enrichit également la façon dont la réalité éveillée est vécue. Remettre en question sa propre existence et observer minutieusement les détails du monde environnant renforce la capacité à rester présent et conscient dans toutes les situations.

Ainsi, les tests de réalité deviennent non seulement un outil pour l'éveil dans les rêves, mais aussi un exercice puissant de pleine conscience qui impacte positivement la qualité de la perception quotidienne. Au fur et à mesure que cette habitude se consolide, la frontière entre l'état de veille et l'état onirique s'amenuise, et la transition vers la lucidité dans les rêves se fait naturellement, permettant une exploration toujours plus profonde de l'esprit et de l'univers onirique.

Les tests de réalité sont des techniques simples, mais extrêmement efficaces. Ils consistent en de petites expériences qui défient les règles du monde éveillé et qui, lorsqu'elles sont appliquées dans un rêve, révèlent sa véritable nature. Le secret réside dans la répétition constante de ces tests pendant la journée, afin que l'habitude se transfère automatiquement à l'état onirique. Plus le rêveur s'entraîne à cette pratique, plus il a de chances de la réaliser dans son rêve et de s'apercevoir qu'il est en train de rêver.

L'un des tests les plus connus consiste à compter les doigts de sa main. Dans le monde réel, les doigts restent fixes, mais dans un rêve, ils apparaissent souvent déformés, avec des nombres modifiés ou des formes étranges. Un autre test consiste à regarder une horloge numérique ou un texte écrit, à détourner le regard, puis à regarder à nouveau. Dans le rêve, les chiffres et les lettres ont tendance à changer de manière illogique ou à se mélanger. De même, essayer de traverser la paume de sa main avec un doigt peut être efficace, car dans le rêve, cette action peut être possible, révélant la nature onirique de l'expérience.

Une autre stratégie puissante est le test de la respiration. Si le rêveur se bouche le nez avec les doigts et essaie de respirer, dans le monde éveillé, l'air ne passera pas, mais dans le rêve, il est souvent possible de continuer à respirer normalement. Cette anomalie sert de signal clair que l'on est dans un rêve.

En plus des tests directs, la pleine conscience dans la vie éveillée aide à augmenter la sensibilité aux détails inhabituels. Souvent, ce qui empêche la lucidité dans les rêves est le fait que les gens passent leurs journées en pilote automatique, sans vraiment observer le monde qui les entoure. En cultivant la pleine conscience, en remettant en question l'environnement et en prêtant attention aux détails, le rêveur développe un regard plus critique qui peut être transposé dans l'état onirique.

Créer des rappels tout au long de la journée pour effectuer des tests de réalité peut aider à établir cette habitude. Définir des moments spécifiques, comme se regarder dans le miroir, franchir une porte ou entendre un son particulier, peut conditionner l'esprit à associer ces moments à la vérification de la réalité. Une autre approche consiste à utiliser un accessoire, comme une bague ou un bracelet, qui sert de rappel pour tester si l'on est en train de rêver.

La clé pour que ces tests fonctionnent réside dans le sérieux avec lequel ils sont effectués. Beaucoup de gens font les tests de manière automatique, sans vraiment remettre en question la réalité, ce qui réduit leur efficacité dans le rêve. Pour que le test ait un effet, il est nécessaire de douter sincèrement de son propre état, en se demandant honnêtement : "Suis-je en train de rêver maintenant ?". Ce petit acte de doute ouvre la possibilité que, dans le rêve, la même question surgisse, menant à la lucidité.

Un autre point important est de réaliser plus d'un test chaque fois que l'on soupçonne que l'on est en train de rêver. Parfois, un seul test peut échouer, surtout si le rêveur est très immergé dans le récit du rêve. C'est pourquoi, lorsque l'on effectue un test, il est recommandé de le combiner avec un autre, garantissant une confirmation plus solide de la réalité.

Avec la pratique régulière des tests de réalité et de la pleine conscience au quotidien, la reconnaissance de l'état onirique devient de plus en plus naturelle. L'esprit commence à remettre en question sa propre existence de manière spontanée, et le moment de la lucidité survient plus fréquemment. Cet entraînement crée les bases d'un contrôle plus fin des rêves, permettant au rêveur non seulement de s'apercevoir qu'il est en train de rêver, mais aussi d'interagir consciemment avec l'expérience. Avec cette habitude bien établie, la prochaine étape consistera à explorer des moyens d'orienter les rêves vers des objectifs spécifiques, approfondissant encore la maîtrise du monde onirique.

Chapitre 18
Incubation et Intention Onirique

L'esprit humain possède une capacité impressionnante à orienter ses expériences oniriques grâce à l'intention et à la concentration consciente. À l'état de veille, nos pensées et nos émotions façonnent nos perceptions et influencent la manière dont notre cerveau traite la réalité. Ce même principe s'applique au monde des rêves, où les suggestions et les désirs formulés avant le sommeil peuvent affecter significativement le contenu onirique. L'incubation de rêves est une méthode qui exploite cette caractéristique naturelle de l'esprit pour guider les expériences nocturnes, permettant au rêveur de définir des objectifs spécifiques pour ses rêves. Que ce soit pour atteindre la lucidité, explorer des scénarios particuliers ou trouver des réponses à des questions personnelles, l'incubation offre un degré d'interaction plus élevé avec son propre subconscient. Cette pratique transforme l'acte de rêver en une démarche délibérée et dirigée, renforçant le lien entre la conscience et le monde onirique.

Le processus d'incubation débute dans la période précédant le sommeil, un moment où l'esprit entre dans un état de réceptivité accrue. La transition entre la veille et le sommeil permet aux idées et aux intentions de s'infiltrer plus aisément dans le subconscient, influençant ainsi la construction des rêves. Pour que la technique fonctionne efficacement, il est essentiel de définir un objectif clair. Le rêveur peut visualiser en détail ce qu'il souhaite expérimenter, en répétant mentalement des phrases affirmatives qui renforcent son intention. Par exemple, si l'objectif est de prendre conscience que l'on est en train de rêver, une suggestion efficace pourrait être : « Cette nuit, je reconnaîtrai que je suis dans un rêve ». Ce type d'affirmation programmée oriente l'attention du subconscient pour identifier les éléments signalant la nature onirique de l'expérience. De plus, la répétition constante de cette pratique renforce la connexion entre le désir et sa manifestation, augmentant ainsi les chances que le rêveur atteigne son objectif en s'endormant.

Outre la formulation mentale de l'intention, certains stimuli physiques peuvent potentialiser les effets de l'incubation. Écrire son intention dans un carnet ou placer des objets symboliques près de l'endroit où l'on dort renforce l'association entre le monde éveillé et le rêve. Tenir un journal de rêves aide également à identifier des schémas récurrents et à affiner la technique, permettant des ajustements au fil du temps. Plus le rêveur est familiarisé avec ses propres thèmes oniriques, plus l'incubation sera efficace. Cette pratique n'augmente pas seulement l'incidence des rêves lucides, mais sert également de puissant moyen d'exploration du subconscient. Avec dévouement et patience, la capacité d'influencer ses propres rêves devient un outil précieux tant pour la connaissance de soi que pour la créativité et le développement personnel.

L'incubation commence avant même de s'endormir, car c'est pendant la transition entre la veille et le sommeil que l'esprit devient le plus réceptif aux suggestions. La clé d'un bon résultat réside dans la formulation d'un objectif clair. Au lieu d'attendre simplement qu'un thème apparaisse dans le rêve, le rêveur doit établir une intention ferme et spécifique. Cela peut se faire en répétant mentalement une phrase, en visualisant une scène ou en écrivant un petit scénario pour le rêve désiré. Par exemple, si l'objectif est de reconnaître que l'on est en train de rêver, la suggestion pourrait être quelque chose comme « cette nuit, je me rendrai compte que je rêve ». Si l'intention est de rencontrer une personne ou un lieu, on peut visualiser cette expérience à plusieurs reprises avant de s'endormir.

L'utilisation de rappels physiques peut également renforcer l'incubation. Noter son désir sur un papier et le lire quelques fois avant de dormir, ou même dessiner un symbole représentant l'intention, aide à fixer l'idée dans le subconscient. Certaines personnes préfèrent placer des objets liés au thème du rêve près du lit, créant ainsi une association entre l'environnement éveillé et le monde onirique. De petits rituels comme ceux-ci renforcent la connexion entre la conscience diurne et l'état de rêve.

La répétition est un facteur crucial pour le succès de l'incubation. Plus le rêveur renforce son intention, plus grandes sont les chances que le cerveau traite cette information pendant le sommeil. Cependant, il est important de trouver un équilibre entre détermination et relaxation. Une attente excessive peut générer de l'anxiété, entravant le processus naturel du sommeil. L'idéal est d'établir l'intention de manière ferme, mais sans s'accrocher rigidement au résultat, permettant ainsi au subconscient d'agir librement.

Au-delà du contenu du rêve, l'incubation peut également être utilisée pour faciliter la lucidité. Une approche efficace consiste à lier un signe de rêve identifié précédemment à un rappel de questionner la réalité. Si un rêveur voit fréquemment de l'eau dans ses rêves, par exemple, il peut programmer son esprit pour que, chaque fois qu'il rencontre de l'eau, il fasse un test de réalité. Cette connexion conscient-inconscient crée un déclencheur qui peut mener à la lucidité spontanée.

L'efficacité de l'incubation varie d'une personne à l'autre, mais la pratique continue augmente sa précision. Même si les premiers résultats ne sont pas exacts, toute approximation au thème désiré indique déjà que l'esprit répond au processus. Revoir son journal de rêves peut aider à ajuster l'approche, en identifiant des schémas et en affinant les suggestions jusqu'à ce qu'elles deviennent plus efficaces.

L'incubation peut également être utilisée pour résoudre des problèmes ou chercher des insights créatifs. De nombreuses découvertes et inventions ont été inspirées par des rêves, et l'esprit, lorsqu'il est correctement dirigé, peut trouver des solutions inattendues aux défis du quotidien. En définissant une intention avant de dormir, comme trouver une réponse à une question ou visualiser un projet sous un nouvel angle, le rêveur peut se réveiller avec des idées fraîches et des insights précieux.

Cette technique ne se limite pas aux questions pratiques, elle peut être appliquée à la connaissance de soi et à la croissance personnelle. Des questions telles que « que dois-je comprendre sur moi-même ? » ou « quelle est la prochaine étape de mon développement ? » peuvent être formulées avant de dormir, permettant au subconscient d'apporter des messages symboliques et significatifs. Ces réponses peuvent ne pas être évidentes à première vue, mais en analysant attentivement les rêves, des schémas et des significations commencent à émerger.

L'incubation de rêves, lorsqu'elle est combinée à d'autres pratiques, comme le journal de rêves et les tests de réalité, renforce la connexion entre la conscience éveillée et la conscience onirique. Plus le rêveur apprend à influencer ses rêves de manière délibérée, plus la lucidité deviendra naturellement une partie de l'expérience onirique. Petit à petit, le contrôle des rêves cesse d'être quelque chose de sporadique pour devenir une compétence raffinée, qui peut être appliquée non seulement pour explorer des mondes imaginaires, mais aussi pour approfondir le voyage de la connaissance de soi et de la créativité.

Chapitre 19
L'Induction Mnémonique du Rêve Lucide

L'esprit humain possède une capacité remarquable à établir des liens entre l'intention et la mémoire, permettant ainsi à certaines informations d'être rappelées au moment précis où elles sont nécessaires. Ce principe, connu sous le nom de mémoire prospective, est fondamental pour l'induction mnémonique des rêves lucides. Grâce à une programmation mentale délibérée, il est possible de conditionner le cerveau à reconnaître l'état onirique pendant que le rêve se déroule, favorisant ainsi la lucidité. Cette approche tire parti de la capacité naturelle de l'esprit à retenir et à récupérer des informations importantes, renforçant le lien entre l'état de veille et l'univers des rêves. Lorsqu'elle est appliquée correctement, cette technique augmente non seulement l'incidence des rêves lucides, mais améliore également la mémorisation et la compréhension de l'expérience onirique elle-même.

Pour que l'induction mnémonique soit efficace, il est nécessaire de créer une forte intention avant de s'endormir. L'esprit doit être entraîné à identifier les éléments récurrents dans les rêves et, au moment opportun, à activer la conscience au sein de l'état onirique. La méthode consiste à renforcer cette intention par la répétition mentale et la visualisation. Le rêveur doit formuler des phrases directes et affirmatives, telles que « la prochaine fois que je serai en train de rêver, je me rendrai compte que je suis dans un rêve », en se concentrant sur cette pensée avec conviction. De plus, se visualiser dans un rêve précédent, en remarquant quelque chose d'étrange et en devenant lucide, renforce encore davantage cette association mentale. Ce type de pratique crée un réflexe interne qui peut être déclenché au bon moment, conduisant à l'éveil de la conscience dans le rêve.

La répétition constante de cette méthode, en particulier après de brefs réveils nocturnes, amplifie considérablement son efficacité. Comme les périodes de sommeil paradoxal, au cours desquelles se produisent les rêves les plus vifs, ont tendance à s'intensifier dans les dernières heures du repos, la pratique de l'induction mnémonique au moment de se rendormir renforce le lien entre l'intention et l'expérience onirique. La patience et la régularité sont essentielles pour consolider cette capacité, rendant les rêves lucides plus fréquents et naturels. Avec le temps, l'esprit devient de plus en plus réceptif à ce processus, permettant au rêveur d'atteindre un niveau de contrôle plus profond sur ses expériences nocturnes. Cette technique, lorsqu'elle est appliquée de manière continue, facilite non seulement l'éveil dans les rêves, mais élargit également la compréhension de la relation entre la conscience et le monde onirique, ouvrant la voie à des pratiques encore plus avancées d'exploration de l'esprit.

Cette technique fonctionne mieux lorsqu'elle est appliquée juste après un réveil, que ce soit au milieu de la nuit ou le matin, avant de se rendormir. La première étape consiste à se remémorer le rêve le plus récent, en le revivant mentalement avec le plus de détails possible. Ce processus renforce la mémoire onirique et crée un lien entre la conscience éveillée et l'état onirique. Si le rêve contient un signe distinctif qui pourrait indiquer qu'il s'agissait d'un rêve, c'est encore mieux. Identifier ces éléments aide à renforcer la perception critique dans les prochains rêves.

Après avoir remémoré le rêve, l'étape suivante consiste à définir une intention claire. Le rêveur doit répéter mentalement une phrase telle que : « La prochaine fois que je serai en train de rêver, je me souviendrai que je suis en train de rêver. » La répétition de cette affirmation ne doit pas être faite de manière automatique, mais avec une pleine conviction, en ressentant la signification derrière les mots. Plus l'intention est forte, plus la probabilité qu'elle se manifeste au bon moment est grande.

En plus de la répétition mentale, il est utile de visualiser le moment exact où l'on deviendra lucide. Le rêveur peut s'imaginer dans le rêve précédent, reconnaissant un détail étrange et réalisant qu'il est en train de rêver. Cette visualisation renforce la connexion entre l'intention et l'expérience onirique réelle, entraînant l'esprit à réagir de la manière souhaitée lorsque le rêve se reproduira. Ce processus doit être répété plusieurs fois jusqu'à ce que la sensation d'attente soit bien établie.

Un autre aspect important de la technique MILD est de maintenir l'attention concentrée sur cette intention jusqu'à l'endormissement. Souvent, ce qui empêche la lucidité est le fait que l'esprit se disperse rapidement vers d'autres pensées avant de s'endormir. Rester concentré sur le but de se souvenir du rêve et renforcer l'intention lucide au moment de s'endormir augmente considérablement l'efficacité de la technique. En cas de distractions, il suffit de revenir à la répétition mentale et à la visualisation, en restant engagé dans le processus.

La technique MILD devient encore plus efficace lorsqu'elle est combinée à des réveils programmés pendant la nuit. Comme la plupart des rêves lucides se produisent dans les dernières phases du sommeil paradoxal, se réveiller quelques heures avant l'heure habituelle et appliquer la technique avant de se rendormir peut augmenter considérablement les chances de succès. Cette méthode potentialise l'intention, car le cerveau est déjà dans un état propice pour continuer à traiter les suggestions implantées avant le sommeil.

La patience et la persévérance sont des facteurs essentiels pour la réussite de cette pratique. Certaines personnes obtiennent des résultats rapidement, tandis que d'autres ont besoin de plusieurs tentatives avant d'obtenir un rêve lucide. L'important est de ne pas abandonner si les premières expériences ne donnent pas de résultats immédiats. La répétition constante renforce progressivement la réponse de l'esprit, rendant l'éveil dans le rêve de plus en plus naturel.

L'application de cette technique augmente non seulement la fréquence des rêves lucides, mais améliore également la mémorisation des rêves et la connexion avec le monde onirique. L'habitude de renforcer les intentions avant de s'endormir rend le rêveur plus conscient de son propre esprit, aidant à intégrer l'expérience des rêves à la vie éveillée. Au fur et à mesure que la pratique devient une partie de la routine, les rêves lucides cessent d'être des événements occasionnels et deviennent plus réguliers.

En maîtrisant cette approche, le rêveur se rapproche d'un état de contrôle plus raffiné sur son expérience onirique. À partir de ce point, il devient possible d'explorer des techniques encore plus avancées, potentialisant la capacité d'entrer directement dans des rêves lucides et de prolonger la durée de ces expériences. La pratique constante de cette technique se traduit par un progrès graduel et continu, consolidant la capacité de s'éveiller consciemment dans les rêves de manière fiable et cohérente.

Chapitre 20
La Technique WBTB (Wake Back to Bed)

L'architecture du sommeil humain suit des schémas bien définis, au sein desquels la phase de sommeil paradoxal (REM), responsable des rêves les plus intenses et vivaces, s'allonge progressivement au fil de la nuit. Cette connaissance permet d'appliquer des techniques spécifiques pour optimiser l'apparition de rêves lucides, rendant l'éveil conscient au sein du rêve une expérience plus prévisible et maîtrisable. La technique WBTB repose sur l'idée d'interrompre temporairement le sommeil et d'y retourner au moment le plus propice à la lucidité, en tirant parti du fait qu'après un bref réveil, l'esprit tend à maintenir un niveau d'activité plus élevé lorsqu'il replonge dans l'état onirique. Cette méthode, lorsqu'elle est appliquée correctement, augmente significativement les chances de réaliser que l'on est en train de rêver, offrant ainsi un niveau de contrôle et de clarté accru au sein du rêve.

La première étape pour appliquer efficacement cette technique est de planifier le moment exact du réveil. Comme le cycle du sommeil se déroule par phases d'environ 90 minutes, le choix de l'heure idéale doit tenir compte de la progression naturelle des périodes de sommeil paradoxal. En moyenne, il est recommandé d'interrompre le sommeil entre quatre et six heures après l'endormissement, car c'est dans cet intervalle que les rêves deviennent plus longs et fréquents. Au réveil, le rêveur doit éviter les mouvements brusques, en restant dans un état de calme et d'introspection. Se souvenir du rêve précédent peut grandement faciliter la lucidité, car revisiter mentalement l'expérience récente renforce le lien entre l'état de veille et l'état onirique. À ce moment, l'esprit est particulièrement réceptif à la suggestion, ce qui fait de la répétition d'affirmations telles que "la prochaine fois que je rêverai, je saurai que je rêve" une stratégie très efficace.

L'efficacité de cette technique peut être amplifiée en ajustant le temps de veille avant de se rendormir. Un intervalle de 5 à 30 minutes est généralement suffisant pour maintenir l'esprit actif sans compromettre le retour au sommeil. Pendant cette période, des activités légères comme relire des notes de rêves antérieurs, pratiquer la méditation ou simplement réfléchir à l'objectif d'atteindre la lucidité aident à renforcer l'intention. Cependant, il est essentiel de trouver un équilibre : si le temps d'éveil est trop court, l'esprit risque de ne pas être suffisamment préparé à la lucidité ; s'il est excessif, il peut être difficile de retrouver le sommeil et d'accéder efficacement à la phase REM. La pratique régulière permet au rêveur de découvrir la durée idéale pour son propre rythme biologique, en ajustant la technique de manière personnalisée. Avec l'application constante de cette méthode, les rêves lucides deviennent plus fréquents, offrant non seulement une plus grande maîtrise de l'expérience onirique, mais aussi une compréhension plus profonde de l'interconnexion entre la conscience et le monde des rêves.

La première étape pour appliquer cette technique est de déterminer une heure appropriée pour le réveil. Puisque les cycles de sommeil durent environ 90 minutes, un bon point de départ est de programmer une alarme pour qu'elle sonne entre quatre et six heures après l'endormissement. Cet intervalle est idéal car il interrompt le sommeil pendant une phase où les rêves sont déjà plus fréquents et longs, mais permet tout de même de se rendormir sans compromettre le repos.

Au réveil, il est essentiel de ne pas bouger brusquement ou de sortir du lit de façon abrupte. Rester dans un état de calme aide à préserver les réminiscences du rêve précédent, facilitant la transition de retour au sommeil paradoxal. À ce moment, le rêveur peut revoir le rêve le plus récent et renforcer l'intention de devenir lucide en se rendormant. La répétition mentale de phrases telles que « la prochaine fois que je rêverai, je me rendrai compte que je rêve » est une manière efficace de programmer l'esprit à la lucidité.

Rester éveillé pendant une courte période avant de se rendormir peut faire une grande différence dans le succès de la technique. Le temps idéal varie entre 5 et 30 minutes, selon la personne. Pendant cet intervalle, certaines activités légères peuvent aider à maintenir l'esprit engagé sans le réveiller complètement. Lire sur les rêves lucides, revoir un journal de rêves ou même pratiquer une brève méditation sont des stratégies utiles pour orienter l'attention vers l'objectif d'avoir un rêve lucide.

Cependant, il est fondamental de trouver un équilibre. Si le temps d'éveil est trop court, l'esprit peut ne pas être suffisamment alerte pour retenir l'intention de lucidité. S'il est trop long, il peut être difficile de se rendormir, compromettant la qualité du repos. La meilleure approche est de tester différentes durées et d'observer laquelle fonctionne le mieux pour chaque cas.

En retournant au lit, il est essentiel de maintenir une attitude détendue et de permettre au sommeil de survenir naturellement. Certaines personnes tirent profit de la pratique de visualisations, recréant mentalement le scénario du rêve précédent et s'imaginant devenir lucides à l'intérieur de celui-ci. Ce processus renforce la connexion entre la conscience et l'état onirique, rendant plus probable l'éveil à l'intérieur du rêve.

L'efficacité de cette technique réside dans la combinaison entre un réveil contrôlé et un retour au sommeil stratégique. Cette méthode augmente la probabilité d'entrer directement dans le sommeil paradoxal avec l'esprit encore actif, créant une opportunité idéale pour la lucidité. De nombreux pratiquants rapportent que les rêves lucides obtenus de cette manière ont tendance à être plus vifs et durables, car ils surviennent à un stade du sommeil où l'activité cérébrale est déjà proche de celle de l'éveil.

L'un des avantages de la technique WBTB est qu'elle peut être combinée avec d'autres approches pour potentialiser les résultats. L'induction mnémonique du rêve lucide, par exemple, peut être renforcée pendant la période d'éveil, intensifiant l'intention de reconnaître le rêve. De même, la pratique de tests de réalité dès le réveil peut aider à conditionner l'esprit à questionner l'état onirique tout au long de la nuit.

La patience est un élément clé pour le succès de cette technique. Certaines personnes peuvent avoir besoin de plusieurs tentatives avant de trouver le meilleur équilibre entre le temps de veille et la facilité de se rendormir. L'important est d'ajuster progressivement le processus jusqu'à ce qu'il devienne naturel.

Lorsqu'elle est bien appliquée, cette approche devient un outil puissant pour tout pratiquant de rêves lucides. La technique WBTB n'augmente pas seulement la fréquence de la lucidité, mais améliore également la qualité de l'expérience, permettant au rêveur d'explorer le monde onirique avec plus de clarté et de stabilité. En l'intégrant à la routine de pratiques, la maîtrise des rêves devient de plus en plus accessible, transformant les nuits en opportunités de découverte et d'expérimentation consciente.

Chapitre 21
L'Induction avec Éveil Conscient

La transition consciente de l'état de veille au monde onirique représente un phénomène singulier dans l'exploration de la conscience, permettant à l'individu de franchir les frontières entre réalité et imagination sans perdre sa lucidité. Ce voyage débute par une compréhension approfondie des mécanismes du sommeil et de la manière dont l'esprit peut être entraîné à rester alerte tandis que le corps se détend complètement. Contrairement aux rêves lucides spontanés, où la prise de conscience de l'expérience onirique survient plus tardivement, cette technique vise à conduire directement le rêveur dans l'univers du rêve avec un contrôle total dès le départ.

En maîtrisant cette compétence, il devient possible d'accéder à un état où l'esprit devient l'architecte de sa propre narration onirique, façonnant les décors, interagissant consciemment avec les personnages et explorant même des possibilités inaccessibles dans le monde physique. La réussite de cette pratique repose sur un équilibre délicat entre relaxation et attention, exigeant du praticien qu'il comprenne les signaux subtils indiquant la transition vers le sommeil, sans succomber à l'oubli de la veille.

Le chemin vers cette transition commence par la maîtrise d'une relaxation profonde, condition essentielle pour permettre au corps de s'endormir sans que l'esprit ne se déconnecte totalement. Créer un environnement propice est l'une des premières étapes : un lieu calme, sombre et exempt de distractions sonores ou visuelles facilite l'induction de cet état. Ajuster sa posture corporelle devient également un facteur déterminant, car les positions inconfortables peuvent entraîner des interruptions du processus.

Au-delà de l'environnement physique, la préparation mentale joue un rôle fondamental. Les techniques de respiration contrôlée, de méditation guidée et de visualisations sont des stratégies efficaces pour réduire l'agitation mentale et faciliter l'entrée dans l'état de transition. Plus le pratiquant est familiarisé avec ces techniques, plus sa capacité à maintenir sa conscience au seuil entre veille et sommeil sera grande, évitant ainsi un réveil prématuré ou une perte totale de lucidité.

À mesure que le corps s'abandonne au sommeil, diverses sensations particulières peuvent surgir, servant d'indicateurs que la transition est en cours. Les phénomènes hypnagogiques, tels que des images abstraites, des sons décousus et des sensations de flottement, deviennent plus perceptibles dans cette phase. Plutôt que de résister à ces manifestations, la clé de la continuité du processus réside dans une acceptation passive, permettant à l'esprit d'observer ces événements sans s'y attacher.

C'est à ce moment que le rêveur peut expérimenter la paralysie du sommeil, une condition naturelle où le corps reste immobile tandis que l'esprit est encore éveillé. Loin d'être un obstacle, cet état peut devenir une porte d'entrée vers le rêve lucide, à condition que le pratiquant comprenne sa nature et apprenne à l'utiliser à son avantage. Avec de la patience et de la pratique, la traversée consciente vers le monde onirique se transforme en une compétence raffinée, offrant non seulement des expériences fascinantes, mais aussi une meilleure connaissance de soi sur les états de conscience et la malléabilité de l'esprit humain.

Le processus débute par une relaxation profonde. La position idéale pour s'endormir varie d'une personne à l'autre, mais il est généralement recommandé d'adopter une posture confortable qui évite les tensions musculaires. L'environnement doit être silencieux, obscur et exempt de distractions. Comme cette technique exige un niveau d'attention élevé, elle est souvent plus efficace lorsqu'elle est combinée à un réveil programmé, en l'appliquant juste après une période de sommeil, lorsque le corps est naturellement prédisposé à retourner rapidement en phase de sommeil paradoxal (REM).

La transition entre la veille et le rêve peut être difficile, car le corps doit entrer en sommeil sans que l'esprit ne perde sa clarté. Pour faciliter ce passage, il est utile de focaliser son attention sur un seul point, comme la respiration ou la répétition mentale d'une courte phrase. Certaines personnes préfèrent compter lentement, tandis que d'autres se concentrent sur les sensations corporelles, observant la légèreté des membres ou le changement de rythme respiratoire à mesure que le sommeil approche.

Pendant cette phase initiale, il est courant d'expérimenter des phénomènes hypnagogiques, qui sont des images, des sons ou des sensations corporelles surgissant spontanément lors de la transition entre l'état de veille et le sommeil. Ces manifestations peuvent inclure des flashs lumineux, des voix lointaines, des impressions tactiles comme des flottements ou des fourmillements, et même des illusions auditives, telles que des musiques ou des bruits sans origine apparente. Au lieu de réagir à ces sensations, le rêveur doit simplement les observer passivement, les laissant se dérouler sans s'accrocher à aucune d'entre elles.

Si le processus est bien mené, ces perceptions s'intensifient jusqu'à ce qu'un scénario onirique commence à se former. Le secret réside dans le fait de laisser cette construction se faire naturellement, sans chercher à la précipiter. Lorsque le rêve commence à prendre forme, la transition finale se produit en entrant dans cet environnement en pleine conscience. Certaines stratégies pour faciliter cette entrée consistent à visualiser un décor spécifique et à s'imaginer en train de s'y promener, ou simplement à se laisser "sombrer" dans le flux des images hypnagogiques jusqu'à ce que la séparation entre l'état de veille et le rêve disparaisse.

L'un des principaux défis de cette technique est d'éviter que l'excitation mentale ne réveille le corps avant que le rêve ne soit complètement formé. Les pensées anxieuses ou les tentatives de hâter le processus peuvent activer la conscience au point d'empêcher l'entrée dans le sommeil. De même, il existe un risque de perdre le focus et de simplement s'endormir sans maintenir sa lucidité. Trouver l'équilibre entre relaxation et vigilance est la clé pour que la méthode fonctionne.

Un autre obstacle courant est la paralysie du sommeil, qui peut survenir pendant cette transition. Cet état, où l'esprit éveillé perçoit que le corps est déjà entré en atonie musculaire, peut être déconcertant pour ceux qui ne sont pas préparés. Des sensations telles qu'une pression sur la poitrine, une incapacité à bouger et même des hallucinations auditives ou visuelles peuvent apparaître. Cependant, comprendre que la paralysie du sommeil est un phénomène naturel et inoffensif permet au rêveur de l'utiliser comme un tremplin pour entrer directement dans un rêve lucide, en se relaxant et en laissant l'état de rêve se développer.

La pratique régulière de cette technique améliore progressivement les résultats. Au début, il peut falloir du temps pour trouver le niveau idéal de relaxation et de concentration, mais avec l'expérience, le processus devient plus fluide. Certaines variations peuvent être testées, comme se coucher dans une position différente de celle habituelle pour éviter que le corps ne s'endorme trop rapidement, ou ajuster le temps de veille avant de l'appliquer pour maximiser les chances de succès.

En maîtrisant cette approche, le rêveur acquiert un niveau de contrôle sans précédent sur son expérience onirique. Contrairement aux techniques qui dépendent de la reconnaissance de signaux à l'intérieur du rêve, celle-ci permet à la conscience d'être présente dès le début, garantissant une plus grande stabilité et un prolongement de l'expérience. Cette capacité à naviguer entre les états de conscience renforce non seulement la pratique des rêves lucides, mais aussi la perception de son propre esprit, créant une connexion plus profonde entre la veille et l'univers des rêves.

Chapitre 22
Autres Techniques et Outils d'Induction

La quête du rêve lucide peut être enrichie par diverses approches allant au-delà des techniques conventionnelles. Chaque individu peut ainsi trouver la méthode la plus adaptée à son profil et à ses particularités cognitives. L'esprit humain est extrêmement adaptable, et différents stimuli peuvent être utilisés pour faciliter la transition vers des états de conscience élargie dans le rêve. Explorer un éventail varié de stratégies, des ajustements subtils de la routine à l'utilisation de la technologie et de suppléments, peut maximiser les chances d'atteindre la lucidité pendant le sommeil. La personnalisation de ces techniques, en tenant compte de facteurs tels que le cycle du sommeil, la suggestibilité et même l'alimentation, est un atout pour ceux qui souhaitent approfondir l'univers des rêves lucides avec plus de constance. Le défi majeur réside dans la compréhension qu'il n'existe pas de formule unique : alors que certaines personnes réussissent par de simples changements d'habitudes, d'autres ont besoin de stimuli supplémentaires pour conditionner leur esprit à reconnaître l'état de rêve.

Parmi les stratégies alternatives, l'intégration de déclencheurs sensoriels pendant le sommeil se distingue comme une méthode efficace pour stimuler la conscience de soi dans le rêve. Des dispositifs comme les masques d'induction, qui émettent de subtils signaux lumineux pendant la phase paradoxale (REM), et les applications diffusant des phrases suggestives au long de la nuit peuvent servir de points d'ancrage pour éveiller la lucidité sans interrompre le repos. De plus, certaines pratiques méditatives et de relaxation profonde aident à renforcer la connexion entre l'état de veille et l'état onirique, facilitant la transition entre ces deux mondes. L'entraînement de la perception, par des tests de réalité fréquents pendant la journée, peut aussi augmenter significativement les chances d'identifier les incohérences dans l'environnement du rêve et, par conséquent, d'activer la conscience. De petits ajustements, comme la tenue d'un journal de rêves détaillé et l'utilisation de rappels visuels au quotidien, renforcent l'habitude de questionner sa propre réalité, faisant de cette pratique un réflexe automatique qui se manifeste dans l'état onirique.

Au-delà des outils technologiques et des exercices mentaux, le facteur biochimique peut également être exploré pour potentialiser l'expérience des rêves lucides. Certains aliments et suppléments naturels, comme la galantamine et la vitamine B6, ont une influence directe sur la qualité et l'intensité des rêves, les rendant plus vifs et mémorables. Certaines substances agissent sur la régulation des neurotransmetteurs impliqués dans le sommeil paradoxal, prolongeant cette phase et augmentant les chances de lucidité. Cependant, l'utilisation de toute substance nécessite modération et compréhension de ses effets sur l'organisme, car la réponse peut varier d'une personne à l'autre. C'est pourquoi la véritable clé de l'amélioration de la conscience onirique réside dans la combinaison intelligente de différentes stratégies, ajustées en fonction des réactions et des résultats obtenus. L'expérimentation prudente et l'observation systématique sont essentielles pour identifier les méthodes les plus efficaces, permettant à chaque rêveur de développer un ensemble d'outils personnalisés pour explorer le vaste et fascinant monde des rêves lucides.

Une technique intéressante est celle du "Faux Réveil" (DEILD), basée sur le phénomène courant de rêver que l'on se réveille dans sa propre chambre, croyant être revenu à l'état de veille alors que l'on dort encore. Souvent, les gens ont de multiples faux réveils dans une même nuit, mais finissent par accepter l'illusion sans la remettre en question. Pour tirer parti de ce mécanisme naturel, l'idée est de rester immobile au réveil, en gardant les yeux fermés et en évitant tout mouvement. Si le réveil est un rêve dans un autre rêve, cette immobilité permet au rêveur de glisser directement vers un nouvel état onirique en pleine conscience. Même lorsque le réveil est réel, adopter cette stratégie peut faciliter l'entrée dans un nouveau rêve lucide peu après.

Une autre méthode efficace est la "Technique du Doigt" (FILD), qui consiste à tromper le corps pour qu'il s'endorme pendant que l'esprit reste alerte. La pratique implique de s'allonger confortablement et, en commençant à se détendre, de bouger légèrement deux doigts – généralement l'index et le majeur – comme si l'on jouait de manière extrêmement subtile sur les touches d'un piano. Ce mouvement doit être répété de façon rythmique, mais sans effort, juste pour maintenir un minimum d'activité mentale. Si elle est bien exécutée, cette technique permet une transition directe vers le rêve lucide sans que le pratiquant ne perçoive le moment exact où il s'est endormi. Une autre méthode intéressante est l'Ajustement de Cycle (CAT), qui modifie délibérément l'heure de réveil un jour sur deux pour entraîner le cerveau à être plus conscient à certains moments du sommeil. Pendant une ou deux semaines, la personne s'habitue à se réveiller 90 minutes avant son heure habituelle, créant une attente inconsciente d'éveil pendant cette période. Après cette phase d'adaptation, la technique n'est appliquée que certains jours, laissant les autres jours sans réveil précoce. Le cerveau, conditionné à l'anticipation de l'éveil, peut déclencher des états de lucidité les jours où le réveil ne sonne pas, augmentant ainsi la fréquence des rêves lucides sans grand effort.

En plus des techniques comportementales, certaines substances naturelles et suppléments peuvent influencer la qualité des rêves et la propension à la lucidité. La vitamine B6, par exemple, est associée à des rêves plus vifs et détaillés, surtout lorsqu'elle est consommée quelques heures avant le coucher. Des études suggèrent que cette vitamine peut améliorer la mémorisation des rêves et intensifier leurs couleurs et leurs récits, les rendant plus faciles à reconnaître comme des rêves. Cependant, des doses élevées doivent être utilisées avec prudence, car l'excès peut provoquer des effets secondaires, comme des picotements dans les membres.

Un autre supplément largement utilisé est la galantamine, une substance qui module les neurotransmetteurs impliqués dans la mémoire et l'apprentissage. Cette substance a démontré son potentiel pour induire des rêves lucides lorsqu'elle est prise pendant la nuit, généralement en combinaison avec la technique du réveil et du retour au lit. En augmentant l'activité cérébrale pendant le sommeil paradoxal, son effet peut se traduire par des rêves extrêmement vifs et réalistes, bien que certaines personnes signalent qu'elle peut causer un léger inconfort ou un réveil précoce. Comme toute substance affectant l'activité cérébrale, son utilisation doit être modérée et responsable.

La technologie a également progressé pour aider les rêveurs lucides, offrant des dispositifs conçus pour détecter quand la personne est en sommeil paradoxal et émettre des stimuli subtils qui aident à éveiller la conscience dans le rêve. Des masques de sommeil équipés de capteurs de mouvements oculaires peuvent clignoter de douces lumières ou émettre des sons spécifiques au moment exact où le rêve se produit. Le principe est simple : le cerveau incorpore ces stimuli au rêve, permettant au rêveur de percevoir l'interférence externe et de devenir lucide. Des applications pour smartphone avec des alarmes intelligentes et des enregistrements de suggestions subliminales sont également des alternatives populaires, aidant à conditionner l'esprit à reconnaître l'état de rêve.

Le choix de la technique idéale varie d'une personne à l'autre. Certaines approches fonctionnent mieux pour certains individus, tandis que d'autres nécessitent des ajustements ou des combinaisons pour obtenir des résultats satisfaisants. Le plus important est d'expérimenter différentes méthodes et d'observer celles qui sont les plus efficaces pour son propre rythme de sommeil et ses rêves. Tenir un journal de rêves pour enregistrer les progrès et ajuster les stratégies si nécessaire peut accélérer considérablement le cheminement vers la maîtrise de la conscience onirique.

En élargissant son répertoire de techniques et en explorant de nouveaux outils, le rêveur gagne plus de contrôle sur son expérience nocturne et augmente ses chances d'accéder à des états de lucidité de manière plus régulière. Chaque méthode apporte sa propre perspective et son propre défi, mais toutes contribuent à l'amélioration de la conscience dans les rêves. Plus les ressources disponibles sont nombreuses, plus la flexibilité est grande pour adapter la pratique à son rythme et à ses besoins individuels, transformant chaque nuit en une véritable opportunité d'exploration consciente du monde onirique.

Chapitre 23
La Première Expérience de Rêve Lucide

La première expérience de rêve lucide marque un tournant crucial dans le parcours de celui qui cherche à élargir sa conscience pendant le sommeil. La découverte que l'on peut être éveillé au sein d'un rêve, avec la pleine perception que tout ce qui nous entoure est une création de notre propre esprit, déclenche un mélange intense d'émotions, allant de l'euphorie initiale à un sentiment d'émerveillement et de pouvoir. Ce moment révèle la flexibilité de la réalité onirique et ouvre les portes d'un univers où les lois de la physique et de la logique peuvent être manipulées au gré du rêveur. Cependant, pour que cette expérience ne soit pas éphémère, il est essentiel de comprendre comment l'esprit réagit à la soudaine prise de conscience de la lucidité et d'apprendre des stratégies pour maintenir cet état plus longtemps. Comme toute nouvelle compétence, la stabilité dans le rêve lucide se développe avec la pratique, la patience et l'expérimentation consciente.

Le premier grand défi est de gérer l'excitation qui accompagne la constatation de la lucidité. De nombreux rêveurs rapportent que, dès qu'ils réalisent qu'ils sont en train de rêver, une vague d'adrénaline parcourt leur corps, les faisant se réveiller brusquement. Cette réponse naturelle se produit parce que le cerveau associe l'intensité émotionnelle à l'état de veille, interprétant l'excitation comme un signal pour se réveiller. Pour contourner cet obstacle, il est essentiel de rester calme et de s'ancrer dans l'expérience. Des techniques comme respirer profondément, se frotter les mains ou observer l'environnement de manière sereine aident à stabiliser le rêve. Interagir avec le décor, toucher des objets ou explorer leurs textures, renforce la connexion sensorielle et empêche le rêve de se dissoudre rapidement. La stabilité de la lucidité dépend, en grande partie, de la capacité à équilibrer l'enthousiasme avec la sérénité, permettant à l'esprit de s'habituer progressivement à ce nouvel état de conscience.

Un autre aspect essentiel est de développer des méthodes pour prolonger l'expérience, en évitant que la lucidité ne se perde ou que le rêveur ne se réveille prématurément. Alterner l'attention entre différents éléments du rêve, se déplacer dans l'environnement et utiliser des commandes verbales telles que "augmenter la clarté" sont des stratégies efficaces pour maintenir le contrôle de l'expérience. Lorsque le rêve commence à s'estomper, des actions comme tourner rapidement sur soi-même ou appuyer les mains contre une surface peuvent aider à réancrer l'esprit dans le décor onirique. De plus, éviter de fixer le regard sur un seul point pendant trop longtemps réduit les risques d'effondrement de la scène. La première expérience de rêve lucide peut être brève, mais chaque tentative renforce la capacité à maintenir la conscience dans le rêve, permettant, avec le temps, aux épisodes de devenir plus longs, plus vifs et plus captivants. En notant chaque détail de cette expérience au réveil, le rêveur crée un lien plus profond avec son propre esprit onirique, accélérant le processus d'apprentissage et affinant sa capacité à explorer la réalité des rêves avec plus de maîtrise et de fluidité.

La lucidité peut survenir de différentes manières selon les personnes. Certains rêveurs remarquent que quelque chose dans l'environnement n'a pas de sens – un objet qui change de forme, la présence d'une personne décédée, une situation absurde traitée comme normale – et, en remettant en question la logique du rêve, la conscience s'éveille. D'autres peuvent atteindre la lucidité spontanément, sans raison apparente, simplement en "sachant" qu'ils sont dans un rêve. Pour ceux qui appliquent régulièrement des techniques, le moment peut venir comme une confirmation que leurs efforts ont porté leurs fruits : un test de réalité qui échoue finalement ou le souvenir qu'ils essayaient d'avoir un rêve lucide.

Le premier défi de l'expérience est de garder le contrôle émotionnel. L'excitation excessive peut être un facteur déterminant pour un réveil précoce. De nombreux rêveurs rapportent que, lorsqu'ils réalisent qu'ils sont en train de rêver, l'euphorie les envahit, et cette augmentation soudaine d'adrénaline les fait se réveiller brusquement. Pour éviter cela, il est essentiel d'adopter une attitude calme et concentrée. Au lieu de se laisser emporter par l'excitation, il est recommandé de respirer profondément et d'affirmer mentalement que le rêve est sous contrôle.

Un autre aspect important est la stabilisation de la scène onirique. Les premiers rêves lucides ont tendance à être instables, le décor se dissolvant rapidement ou les sens semblant confus. Une stratégie efficace pour renforcer l'expérience est d'interagir avec l'environnement du rêve. Toucher des objets, sentir leurs textures, se frotter les mains l'une contre l'autre ou même verbaliser des commandes telles que "clarté maintenant" sont des techniques qui aident à ancrer l'esprit dans le rêve. Se déplacer de manière délibérée peut également contribuer à la stabilité. Rester immobile peut faire perdre au rêve sa netteté, tandis que marcher, explorer l'environnement et prêter attention aux détails visuels et sonores renforce l'immersion.

Souvent, la lucidité ne dure que quelques secondes avant que le rêveur ne se réveille. Ce phénomène se produit parce que le cerveau n'est pas encore habitué à maintenir cet état pendant de longues périodes. La pratique continue améliore cette capacité, permettant aux rêves lucides de devenir de plus en plus longs et détaillés. Pour prolonger l'expérience, il est important d'éviter de fixer le regard sur un seul point pendant trop longtemps, car cela peut entraîner l'effondrement du rêve. Alterner l'attention entre différentes parties du décor aide à maintenir l'esprit engagé et présent dans l'environnement onirique.

Lorsqu'on sent que le rêve s'affaiblit, certaines techniques peuvent être utilisées pour éviter le réveil. Tourner sur soi-même dans le rêve, se frotter les mains ou même toucher le sol peuvent aider à restaurer la sensation d'immersion. Dans certains cas, lorsque le rêve semble sur le point de se terminer, il est possible d'essayer de "sauter" mentalement vers un autre décor, en visualisant une nouvelle scène et en permettant au flux du rêve de continuer.

Un autre facteur qui peut influencer la durée du rêve lucide est le niveau d'implication dans la narration du rêve. Certaines personnes rapportent que, lorsqu'elles deviennent lucides, elles tentent immédiatement d'exercer un contrôle total sur le décor, en forçant des changements brusques ou en essayant de voler sans aucune préparation. Bien qu'il soit possible de contrôler certains aspects du rêve, il est plus efficace de commencer par de petites interactions, comme tester la gravité, observer les détails de l'environnement ou converser avec les personnages du rêve. Cette approche progressive aide à consolider l'expérience sans surcharger l'esprit d'attentes excessives.

Quelle que soit la durée du premier rêve lucide, le plus important est de le consigner dès le réveil du rêveur. Noter chaque détail, des sensations aux actions entreprises, renforce la mémoire onirique et prépare l'esprit à reconnaître des schémas dans les rêves futurs. Ce registre permet d'analyser ce qui a bien fonctionné, quels défis ont surgi et quelles techniques peuvent être améliorées.

Avec une pratique régulière, les rêves lucides deviennent plus fréquents et naturels. Le premier contact avec la lucidité peut sembler bref et instable, mais chaque expérience contribue à l'amélioration de la compétence. Peu à peu, le rêveur apprend à rester calme, à interagir avec l'environnement et à prolonger la durée du rêve. La maîtrise de la conscience onirique ne se fait pas du jour au lendemain, mais à chaque nouvelle tentative, l'esprit s'adapte et devient plus apte à naviguer avec clarté dans le vaste univers des rêves.

Chapitre 24
Garder sa lucidité

Garder sa lucidité dans un rêve exige un équilibre subtil entre maîtrise émotionnelle, engagement sensoriel et stratégies de stabilisation efficaces. L'éveil à la conscience onirique peut être fugace si le rêveur ne sait pas comment entretenir cette expérience. L'excitation ou le manque de stimulations adéquates risquent de provoquer un réveil abrupt ou une dissolution du décor. L'esprit, lorsqu'il réalise qu'il est en train de rêver, a tendance à réagir par une augmentation de l'activité neuronale, ce qui peut entraîner une interruption involontaire du sommeil. Pour éviter cela, il est essentiel de comprendre comment renforcer la connexion avec le monde onirique et prolonger la lucidité. Cette compétence se développe avec la pratique et l'expérimentation. Plus on applique des techniques spécifiques de stabilisation, plus la capacité à naviguer consciemment dans le rêve sans interruption s'accroît.

L'interaction active avec l'environnement onirique est l'un des piliers du maintien de la lucidité. Le toucher, par exemple, joue un rôle fondamental en renforçant l'immersion dans le rêve. En se frottant les mains, en appuyant les pieds contre le sol ou en manipulant des objets, l'esprit reçoit des signaux tactiles qui l'aident à rester ancré dans l'expérience. Explorer différentes textures et températures contribue également à prolonger la perception consciente. De plus, se déplacer dans le rêve est un moyen efficace d'empêcher sa dissolution. Marcher, toucher les murs, interagir avec les éléments du décor ou même sentir le vent sur son visage en courant sont autant de façons de consolider la connexion avec le monde onirique. Lorsque le rêveur devient un participant actif plutôt qu'un simple observateur, la stabilité du rêve augmente considérablement.

Une autre stratégie cruciale est la maîtrise du focus visuel. Fixer un seul point trop longtemps peut entraîner une perte de netteté et un effondrement de la scène. Pour éviter cela, il est recommandé de déplacer constamment son regard entre différents éléments de l'environnement, en absorbant des détails variés et en élargissant la perception de l'espace environnant. De plus, des commandes verbales au sein du rêve, telles que "clarté, maintenant !" ou "reste lucide !", peuvent renforcer la stabilité, car le cerveau répond bien aux suggestions directes. Si le rêve commence à perdre de sa consistance, des techniques comme faire tourner son propre corps ou se frotter les mains aident à restaurer l'immersion et à éviter un réveil précoce. Garder une attitude calme et confiante, sans craindre de perdre la lucidité, est également essentiel pour prolonger l'expérience. Plus ce processus devient naturel, plus les rêves lucides seront longs et détaillés, permettant au rêveur d'explorer cet univers avec une liberté et une maîtrise toujours plus grandes.

L'une des manières les plus efficaces de rester lucide dans un rêve est d'interagir activement avec l'environnement. Le toucher est l'une des sensations les plus puissantes pour renforcer l'immersion dans le monde onirique. Se frotter les mains, toucher des objets et sentir leurs textures, appuyer ses pieds contre le sol ou même toucher les murs alentour sont autant de moyens d'ancrer la conscience dans l'expérience. Plus les stimuli sensoriels sont activés, plus la connexion avec le rêve est solide.

Un autre facteur qui peut affecter la stabilité du rêve est le focus visuel. De nombreuses personnes rapportent que, lorsqu'elles fixent un seul point trop longtemps, la scène commence à s'effondrer ou à s'estomper. Pour éviter cet effet, il est conseillé de bouger constamment les yeux, d'explorer les détails de l'environnement et de déplacer son focus entre différents éléments du décor. Cette pratique maintient le cerveau engagé et réduit les risques de disparition soudaine du rêve.

En plus des interactions physiques, des commandes verbales au sein du rêve peuvent aider à renforcer la lucidité. Certaines personnes découvrent que verbaliser des affirmations telles que "clarté, maintenant !" ou "augmente la stabilité !" renforce l'expérience et empêche sa dissipation. Le cerveau répond bien aux suggestions directes, et répéter des commandes simples peut suffire à restaurer la netteté du rêve et à prolonger sa durée.

La maîtrise de l'excitation émotionnelle joue également un rôle essentiel dans la stabilisation du rêve.

L'enthousiasme de se découvrir lucide est naturel, mais s'il n'est pas géré, il peut provoquer un réveil rapide. Respirer profondément, rester calme et agir de manière délibérée dans le rêve aident à équilibrer l'expérience. Plutôt que d'essayer de réaliser immédiatement des actions grandioses, comme voler ou changer le décor, il est plus efficace de commencer par des interactions simples et d'augmenter progressivement le niveau d'expérimentation dans le rêve.

Si le rêve commence à perdre de sa stabilité, certaines techniques peuvent être appliquées pour le restaurer avant qu'il ne se dissolve complètement. Tourner sur soi-même dans le rêve, comme si l'on était une toupie, est l'une des approches les plus connues. Ce mouvement crée un effet de "redémarrage", transportant souvent le rêveur vers un nouveau décor tout en préservant la lucidité. Une autre technique efficace consiste à se frotter vigoureusement les mains, car la sensation tactile stimule la continuité de l'expérience.

Une autre stratégie intéressante pour prolonger la durée du rêve est de renforcer l'intention d'y rester. Dans certains cas, le simple fait de se rappeler consciemment que l'on souhaite continuer à rêver peut suffire à éviter un réveil prématuré. La peur de perdre le rêve peut avoir l'effet inverse, il est donc important de cultiver un état d'esprit détendu et confiant que le rêve se poursuivra aussi longtemps que nécessaire.

L'environnement du rêve peut également offrir des indices sur sa stabilité. Certaines personnes rapportent que, lorsque la lumière commence à diminuer, le rêve a tendance à s'effondrer. Dans ces cas, créer des sources de lumière dans le rêve lui-même, comme allumer une lampe ou ramener le soleil dans le ciel, peut aider à maintenir la scène vivante. De même, si le son commence à disparaître ou si l'environnement semble instable, se concentrer sur les détails et interagir activement peut restaurer la clarté de l'expérience.

En pratiquant ces stratégies, le rêveur développe une plus grande maîtrise de ses expériences oniriques et apprend à maintenir sa lucidité sur de plus longues périodes. Plus ces techniques sont appliquées, plus elles deviennent naturelles, permettant aux rêves lucides d'évoluer de brefs moments à des explorations profondes et enrichissantes. Maîtriser la stabilisation du rêve est une étape fondamentale pour quiconque souhaite non seulement devenir lucide, mais aussi naviguer dans le monde onirique avec liberté et constance.

Chapitre 25
Navigation et Maîtrise de l'Environnement Onirique

La maîtrise de la navigation et du contrôle au sein d'un rêve lucide représente une avancée significative dans l'exploration de la conscience onirique. Contrairement à la réalité éveillée, où les lois physiques imposent des limites concrètes, l'univers des rêves répond directement aux intentions et aux attentes du rêveur. Cela signifie que toute action peut être amplifiée par le simple fait de croire qu'elle est possible. Du déplacement à la transformation complète de l'environnement, chaque élément du rêve peut être modelé selon la volonté de l'individu. Cependant, cette compétence n'apparaît pas instantanément chez tout le monde. Pour naviguer avec fluidité et modifier les décors de manière intentionnelle, un processus d'apprentissage progressif est nécessaire, dans lequel l'expérimentation et le renforcement de la confiance jouent un rôle essentiel.

Le déplacement dans le rêve peut prendre diverses formes, et comprendre ces variations est l'une des premières étapes pour étendre le contrôle sur l'expérience onirique. La marche est la méthode la plus intuitive, mais de nombreux rêveurs rapportent que la sensation des pas peut être instable, comme s'ils marchaient sur un sol malléable ou flottant. Pour ceux qui souhaitent dépasser les limites de la locomotion traditionnelle, des alternatives telles que la lévitation, le glissement et le vol deviennent des possibilités fascinantes. Le vol, par exemple, est l'un des aspects les plus désirés dans les rêves lucides, mais il peut nécessiter de la pratique pour être réalisé avec précision. La clé d'un vol réussi réside dans la confiance absolue qu'il est possible. L'insécurité ou l'hésitation ont tendance à se manifester sous forme de difficultés, telles qu'une flottaison instable ou des chutes inattendues. Une méthode efficace pour acquérir la maîtrise de cette compétence consiste à commencer par de légers sauts, permettant au corps onirique de se familiariser avec l'absence de gravité avant d'entreprendre des vols plus longs et dirigés.

Au-delà du déplacement, la capacité de modifier l'environnement est l'un des aspects les plus impressionnants du rêve lucide. Certains rêveurs expérimentés parviennent à changer de décor instantanément par une simple commande mentale, mais pour la plupart des gens, la transition nécessite des stratégies indirectes. Créer des portails, ouvrir des portes en espérant trouver un lieu différent ou utiliser des miroirs comme passage vers d'autres réalités sont des approches qui aident l'esprit à accepter les changements de décor avec plus de naturel. De même, manipuler des objets dans le rêve devient plus fluide avec la pratique. Tester la transformation de petits éléments, comme changer la couleur d'un objet ou faire disparaître un item, renforce la perception de contrôle et prépare le rêveur à des changements plus complexes. L'expérimentation constante accroît la malléabilité de la conscience onirique, permettant à chaque expérience de devenir plus riche et personnalisée. À mesure que la maîtrise de cet univers grandit, le rêveur découvre qu'il n'y a pas de limites à ce qui peut être créé, exploré ou modifié, faisant de chaque rêve lucide un voyage unique de découvertes et de possibilités infinies.

La manière la plus élémentaire de se déplacer dans un rêve est simplement de marcher, en explorant l'environnement comme dans la vie réelle. Cependant, de nombreux rêveurs lucides rapportent que le mouvement peut être étrange au début. La gravité peut sembler différente, les pas peuvent être plus légers ou le terrain peut changer de manière inattendue. Pour ceux qui se sentent limités par les méthodes conventionnelles de locomotion, d'autres options peuvent être testées. Flotter légèrement, glisser sur le sol comme sur un champ de faible gravité, ou même voler sont des possibilités courantes rapportées par des rêveurs expérimentés.

Le vol, en particulier, est l'une des expériences les plus désirées dans les rêves lucides. Cependant, tout le monde ne parvient pas à le réaliser du premier coup. Certaines personnes rapportent qu'en essayant de s'envoler, elles finissent par flotter seulement quelques centimètres avant de retomber. D'autres décrivent qu'elles parviennent à voler, mais de manière instable, comme si elles étaient tirées par des forces invisibles. Le secret pour développer cette compétence réside dans l'attente et la confiance. Dans le monde des rêves, croire que quelque chose est possible le rend généralement réel. S'il y a des doutes ou de l'insécurité, le subconscient peut répondre de manière hésitante. Une approche efficace consiste à commencer par de petits sauts, en augmentant progressivement l'altitude jusqu'à gagner en confiance pour voler avec plus de contrôle.

En plus du mouvement, une autre capacité fascinante des rêves lucides est celle de modifier l'environnement. Certains rêveurs remarquent qu'en souhaitant être dans un lieu précis, le décor se transforme instantanément. Cependant, pour beaucoup, cette transition ne se fait pas automatiquement. Créer des changements dans le rêve peut nécessiter une approche plus indirecte. Plutôt que d'essayer de modifier le décor par une simple commande, il peut être plus efficace d'utiliser des éléments du rêve lui-même pour faciliter la transition. Ouvrir une porte en espérant trouver un nouvel environnement de l'autre côté, regarder dans un miroir en imaginant qu'il mènera à un autre endroit, ou même faire un tour complet sur soi-même en visualisant une destination sont des stratégies qui fonctionnent généralement bien.

La manipulation d'objets dans le rêve suit également les règles de l'attente. La plupart des gens découvrent qu'ils peuvent prendre des objets et interagir avec eux comme dans le monde physique, mais en réalisant la nature illusoire du rêve, il devient possible de modifier ces objets à volonté. Un morceau de papier peut se transformer en fleur, une pierre peut devenir un morceau de chocolat, et un simple contact peut faire fondre un mur comme s'il était liquide. Plus le rêveur se permet d'expérimenter et de jouer avec ces possibilités, plus le contrôle sur l'environnement devient naturel.

Les personnages des rêves jouent également un rôle important dans cette expérience. Contrairement au décor, qui peut être modelé sans résistance, les individus qui apparaissent dans les rêves lucides ont tendance à agir de manière indépendante, surprenant souvent le rêveur lui-même par leurs réponses et leurs comportements. Certaines personnes aiment interagir avec ces personnages, leur demandant la signification du rêve ou sollicitant des conseils. Bien qu'il soit difficile de déterminer si ces réponses viennent du subconscient ou si elles sont simplement des constructions aléatoires de l'esprit, beaucoup rapportent avoir reçu des messages profonds et des intuitions inattendues de ces interactions.

Pour ceux qui souhaitent approfondir leur contrôle sur l'environnement onirique, la clé réside dans l'expérimentation et l'entraînement progressif. Commencer par de petits changements, comme modifier la couleur du ciel ou déplacer un objet à distance, peut aider à renforcer la confiance avant de tenter des modifications plus complexes, comme créer des villes entières ou visiter des lieux fictifs. Plus l'esprit s'habitue à la flexibilité des rêves lucides, plus il devient facile de modeler cette réalité selon sa volonté.

Explorer et modifier le monde onirique est l'une des parties les plus excitantes de l'expérience de la lucidité. La liberté de voler, de créer des décors impossibles et d'interagir avec les personnages de son propre subconscient offre des possibilités infinies d'apprentissage et d'amusement. Plus on pratique, plus la sensation d'être aux commandes devient naturelle, transformant chaque rêve lucide en une aventure unique et inoubliable.

Chapitre 26
Transformer ses Peurs

Les rêves sont le miroir de notre psyché, un espace où nos émotions, nos traumatismes et nos peurs les plus profondes se manifestent sous forme de scénarios symboliques. Parmi ces manifestations oniriques, les cauchemars occupent une place particulière, suscitant des réactions intenses, parfois même angoissantes. Cependant, la capacité à devenir conscient au sein même du rêve, phénomène connu sous le nom de lucidité onirique, ouvre la voie à une réinterprétation de ces expériences. Au lieu d'être de simples événements perturbateurs, les cauchemars peuvent se muer en de précieuses occasions de connaissance de soi et de dépassement. L'esprit, lorsqu'il réalise qu'il est en train de rêver, acquiert un nouveau niveau de maîtrise sur le récit, permettant au rêveur de modifier son rapport à la peur, de l'affronter de manière consciente et transformatrice.

Cette approche consciente permet de passer de la passivité à la maîtrise, modifiant ainsi l'impact émotionnel du cauchemar. La prise de conscience que la terreur vécue dans le rêve ne représente pas une menace réelle constitue une première étape fondamentale pour briser le cycle de la peur. La reconnaissance de cette illusion engendre une distanciation psychologique, rendant le cauchemar moins terrifiant et plus accessible à une exploration rationnelle. De plus, cette compréhension renforce la confiance en soi du rêveur, qui prend alors conscience du pouvoir qu'il détient sur ses propres créations mentales. Au lieu d'être une victime de scénarios effrayants, l'individu devient le protagoniste de son expérience, capable d'interagir avec l'environnement onirique de manière active et intentionnelle.

Avec la pratique, le rêveur lucide apprend que les éléments de ses cauchemars, aussi sombres soient-ils, recèlent des significations cachées qui peuvent être déchiffrées et réinterprétées. Le fait de regarder directement une figure menaçante, de dialoguer avec ce qui semblait auparavant terrifiant, ou de transformer l'environnement du rêve, sont autant de stratégies qui démontrent le potentiel de cette pratique. Chaque cauchemar cesse d'être une simple manifestation de la peur pour devenir une invitation à découvrir des aspects inconscients qui, une fois compris, peuvent engendrer des changements significatifs tant dans le monde onirique que dans la vie éveillée. Ainsi, les cauchemars non seulement perdent leur force destructrice, mais deviennent également des portes d'entrée vers la croissance intérieure et l'expansion de la conscience.

Le premier changement de perspective nécessaire consiste à comprendre qu'un cauchemar, aussi effrayant soit-il, ne représente pas un danger réel. Lorsque le rêveur devient lucide au milieu d'un scénario terrifiant, le simple fait de reconnaître que tout cela n'est qu'une création mentale réduit déjà considérablement la peur. Savoir que rien ne peut le blesser réellement crée une distance émotionnelle, permettant au rêveur de passer de la position de victime passive à celle d'observateur, voire de contrôleur de la situation.

L'instinct naturel dans un cauchemar est de fuir la menace. Cependant, dans les rêves lucides, cette réaction peut être remplacée par une approche plus consciente. Au lieu de courir devant un poursuivant, s'arrêter et le regarder en face peut révéler quelque chose de surprenant. De nombreuses personnes rapportent qu'en confrontant des figures effrayantes dans leurs rêves, celles-ci changent de forme, se transforment en personnes connues ou disparaissent tout simplement. Ce simple acte d'affrontement dissout la tension et peut fournir des indices sur ce que cette image représente dans le subconscient.

Une autre stratégie efficace consiste à dialoguer avec les éléments du cauchemar. Demander directement au poursuivant ou au monstre pourquoi il est là peut donner lieu à des réponses inattendues, qui sont souvent porteuses de messages symboliques sur des aspects refoulés de l'esprit du rêveur. Certains récits indiquent qu'en interagissant avec ces figures, elles perdent leur agressivité et deviennent des alliées dans le rêve.

Dans certaines situations, l'approche idéale peut être de transformer le décor. Si l'environnement du cauchemar est sombre et menaçant, le rêveur peut essayer d'apporter de la lumière à la scène, imaginer que l'espace se modifie ou visualiser une porte s'ouvrant sur un lieu sûr. Ce changement délibéré dans l'environnement contribue à renforcer le sentiment de contrôle et à dissoudre la tension émotionnelle du rêve.

La technique consistant à changer sa propre forme dans le rêve peut également être utilisée pour affronter les cauchemars de manière créative. Si un monstre semble menaçant, le rêveur peut se transformer en quelque chose de plus grand encore ou développer des capacités surhumaines pour neutraliser la menace. Créer des boucliers protecteurs, s'envoler au loin ou même absorber l'énergie du cauchemar pour la convertir en quelque chose de positif sont autant d'approches qui démontrent à quel point la conscience dans le rêve permet une nouvelle dynamique face à la peur.

Certaines personnes qui souffrent de cauchemars récurrents trouvent dans les rêves lucides un outil puissant pour réécrire ces récits de manière délibérée. En reconnaissant un schéma de cauchemar, il est possible de programmer l'esprit pour qu'il réagisse différemment. S'il existe un scénario récurrent, comme être poursuivi par une figure inconnue ou être enfermé dans un lieu menaçant, le rêveur peut, avant de s'endormir, se fixer l'intention de réagir consciemment la prochaine fois que ce cauchemar se reproduira. Ce type de reconfiguration mentale peut transformer complètement l'expérience et réduire la fréquence des cauchemars au fil du temps.

L'exploration des peurs dans le rêve lucide peut également apporter des bénéfices dans la vie éveillée. Surmonter une situation de panique dans le rêve renforce le sentiment de contrôle et de sécurité à l'état de veille. De nombreux rêveurs rapportent qu'en parvenant à gérer les cauchemars de manière lucide, ils ont développé plus de courage pour affronter les défis et les angoisses du quotidien. Cette connexion entre les deux mondes démontre comment le travail conscient dans les rêves peut avoir des répercussions positives sur l'esprit et le comportement du rêveur.

Transformer les cauchemars en occasions d'apprentissage et de croissance est l'un des aspects les plus fascinants du rêve lucide. Lorsque la peur cesse d'être perçue comme quelque chose d'insurmontable et commence à être comprise comme un aspect de l'esprit lui-même qui peut être exploré et réinterprété, le rêveur acquiert un nouveau niveau de contrôle sur son expérience onirique. Avec de la pratique et de la persévérance, les cauchemars peuvent cesser d'être des événements terrifiants et devenir des portes d'entrée vers la découverte de soi, le courage et l'expansion de la conscience.

Chapitre 27
Guérison et Épanouissement Personnel

L'esprit humain est un vaste territoire, peuplé de souvenirs, d'émotions et de croyances qui façonnent notre expérience quotidienne, souvent de manière inconsciente. Les rêves lucides, en offrant un accès direct à cet univers intérieur, deviennent un outil puissant de guérison émotionnelle et d'épanouissement personnel. En devenant conscient au sein même du rêve, l'individu acquiert la capacité d'interagir avec ses propres contenus psychiques, de comprendre les schémas de pensée limitants et de donner un nouveau sens aux expériences passées. Cet état de perception élargie permet d'explorer des questions émotionnelles profondes, favorisant un processus de connaissance de soi qui peut avoir un impact positif sur la vie éveillée.

Dans le rêve lucide, l'esprit révèle des aspects cachés de l'être, souvent à travers des symboles et des métaphores qui expriment des conflits internes. Le rêveur, en prenant conscience de sa lucidité, peut utiliser cet espace pour dialoguer avec ces images, en comprendre la signification et débloquer des émotions refoulées. Au lieu de simplement assister au déroulement d'un rêve, la personne devient actrice consciente, capable de questionner les personnages oniriques, de modifier les décors ou de revivre des situations sous un angle nouveau. Ce processus d'exploration interne permet une compréhension plus profonde des traumatismes, des insécurités et des défis émotionnels, ouvrant la voie au dépassement et à la transformation personnelle.

Au-delà de la guérison émotionnelle, les rêves lucides renforcent également la résilience et la confiance en soi. Le simple fait de réaliser que l'on peut interagir et modifier les événements du rêve crée un sentiment d'autonomie qui se prolonge dans la vie éveillée. Des situations qui semblaient auparavant insurmontables offrent de nouvelles possibilités d'affrontement, les peurs se dissipent et le rêveur commence à percevoir sa réalité avec plus de clarté et de maîtrise. Ainsi, les rêves lucides ne se contentent pas de révéler les aspects internes de l'esprit, ils fournissent également des outils pratiques pour faire face aux défis, renforcer l'estime de soi et élargir la conscience vers un état de plus grand équilibre et de bien-être.

L'une des façons les plus efficaces d'utiliser les rêves lucides pour la guérison émotionnelle est d'entrer en contact avec les émotions refoulées. Souvent, les questions que nous ne parvenons pas à traiter complètement à l'état de veille émergent dans les rêves sous forme de symboles, de décors ou de personnages. Devenir lucide au milieu de ces expériences permet d'interagir directement avec ces éléments et de chercher à comprendre. Si un rêve provoque une sensation persistante de peur, de tristesse ou de colère, au lieu de l'éviter, le rêveur peut demander au rêve lui-même ce que cette émotion représente et laisser son esprit fournir des réponses spontanées. Cette approche peut révéler des liens cachés entre des événements passés et des sentiments non résolus, facilitant ainsi l'intégration et le traitement de ces émotions.

La rencontre avec des versions passées de soi-même est un autre phénomène courant dans les rêves lucides axés sur la connaissance de soi. Certaines personnes rapportent avoir rencontré leur enfant intérieur, avoir pu converser avec lui et offrir tendresse et sécurité à cette partie de la psyché qui conserve encore des traumatismes ou des insécurités. D'autres vivent des rêves où ils rencontrent des versions futures d'eux-mêmes, reçoivent des conseils ou entrevoient des chemins possibles pour leur parcours personnel. Ces interactions peuvent avoir un impact profond sur la façon dont le rêveur se perçoit et envisage sa propre trajectoire.

En plus du travail émotionnel, les rêves lucides peuvent être utilisés pour surmonter les peurs et les phobies. Dans le rêve, il est possible de simuler des situations qui provoquent de l'anxiété dans la vie éveillée, mais de manière contrôlée et sécurisée. Si quelqu'un a peur de parler en public, par exemple, il peut créer un scénario où il s'entraîne à faire un discours devant un public imaginaire. Si la peur est celle des hauteurs, il peut expérimenter de se trouver au sommet d'un immeuble dans le rêve et constater qu'il ne lui arrive rien de mal. Le cerveau traite ces expériences de manière similaire aux expériences réelles, ce qui signifie que surmonter une peur dans un rêve peut entraîner une réduction de l'anxiété qui y est liée à l'état de veille.

Un autre aspect précieux des rêves lucides pour l'épanouissement personnel est la possibilité de recevoir des intuitions et des réponses à des dilemmes intérieurs. Avant de s'endormir, le rêveur peut fixer l'intention de trouver une solution à un problème spécifique. Dans le rêve, en devenant lucide, il peut poser des questions directement au rêve lui-même ou à des personnages oniriques, en espérant que les réponses émergeront de manière symbolique ou directe. De nombreuses personnes rapportent que les rêves fournissent des solutions créatives et inattendues à des questions qui semblaient insolubles à l'état de veille.

La guérison physique par les rêves est également un thème exploré par de nombreux pratiquants et chercheurs. Bien que la science soit encore en train d'étudier les effets de cette pratique, certaines personnes rapportent utiliser les rêves lucides pour visualiser la régénération de zones du corps affectées par des maladies ou des blessures, ressentant un réel soulagement au réveil. L'esprit a une forte influence sur le corps, et la visualisation de la guérison dans le rêve peut stimuler des processus internes qui contribuent au bien-être physique.

La pratique des rêves lucides comme outil d'épanouissement personnel est également liée au renforcement de l'estime de soi et du sentiment d'autonomie. Le simple fait de réaliser que l'on a le contrôle sur sa propre réalité dans le rêve peut accroître la confiance et le sentiment d'autonomie dans la vie éveillée. En gérant consciemment les défis du monde onirique, le rêveur développe une mentalité plus résiliente et adaptable pour faire face aux difficultés réelles.

Intégrer les expériences des rêves lucides dans la vie quotidienne permet de renforcer les bénéfices de cette pratique. Tenir un journal de rêves et réfléchir aux thèmes récurrents permet d'identifier les schémas internes et de travailler à des changements conscients. Les leçons apprises dans l'état onirique peuvent être appliquées dans la vie réelle, que ce soit sous la forme de nouvelles habitudes, de changements de perspective ou de décisions plus alignées avec son moi véritable.

Le voyage dans les rêves est, par essence, un voyage vers l'intérieur de soi. Lorsqu'elle est abordée avec intention et détermination, cette expérience devient un portail vers la guérison émotionnelle, l'expansion de la conscience et l'épanouissement personnel. Les rêves lucides offrent l'opportunité unique d'explorer l'esprit dans sa forme la plus pure, sans filtres ni limitations externes, offrant des découvertes qui peuvent transformer profondément la façon dont le rêveur vit et comprend sa propre existence.

Chapitre 28
Créativité et Résolution de Problèmes

L'esprit humain opère de manière extraordinaire lorsqu'il se libère des entraves de la logique conventionnelle, et les rêves lucides représentent l'un des accès les plus directs à ce potentiel illimité. Dans l'état onirique, les restrictions imposées par la pensée linéaire se dissolvent, permettant à des idées novatrices de s'épanouir sans les blocages typiques de l'état de veille. Cet environnement unique offre un terrain fertile à l'expérimentation, où les concepts abstraits se matérialisent, les problèmes complexes sont abordés sous des angles inattendus, et la créativité s'étend de manière sans précédent. En s'éveillant au sein du rêve, l'individu acquiert non seulement la conscience de son expérience, mais aussi la capacité de l'explorer intentionnellement, transformant l'univers onirique en un véritable laboratoire d'invention et de découverte.

L'interaction avec cet espace mental sans limites ouvre la voie à une forme d'apprentissage et de création qui transcende les méthodes traditionnelles. Les écrivains peuvent visualiser leurs histoires se dérouler en temps réel, dialoguer avec leurs personnages et explorer des décors qui émergent spontanément. Les musiciens peuvent entendre des mélodies inédites créées par leur propre subconscient, tandis que les artistes visuels expérimentent des compositions impossibles, explorant des couleurs et des formes au-delà de ce qu'ils seraient capables de concevoir à l'état de veille. Même les scientifiques et les inventeurs peuvent bénéficier de cet environnement créatif, où les concepts abstraits deviennent tangibles et où la résolution de problèmes se fait de manière intuitive, en connectant les informations de façon non conventionnelle. Le cerveau, libéré de ses contraintes, laisse émerger des idées qui seraient inaccessibles par l'analyse logique traditionnelle.

Au-delà de la stimulation créative, les rêves lucides permettent d'améliorer des compétences pratiques grâce à la simulation mentale. La science a démontré que la visualisation intense peut renforcer les connexions neuronales de manière similaire à la pratique réelle. Ainsi, un athlète peut s'entraîner à des mouvements spécifiques, un orateur peut répéter ses discours, et même un étudiant peut approfondir sa compréhension d'un concept complexe. L'esprit, percevant l'expérience onirique comme réelle, traite ces exercices comme un apprentissage légitime. Cet outil puissant favorise à la fois le développement cognitif et le dépassement de défis pratiques. Les rêves lucides se révèlent donc non seulement comme un espace de divertissement ou d'exploration personnelle, mais aussi comme une ressource précieuse pour débloquer de nouveaux niveaux de créativité, résoudre des problèmes et repousser les frontières de la pensée humaine.

La création de scénarios, de personnages et de récits dans le rêve se fait sans effort, car le subconscient est capable de construire des images et des histoires en temps réel. Pour un écrivain ou un scénariste, cela peut être l'occasion d'explorer des scènes et des dialogues avant même de les coucher sur papier. Un musicien peut entendre des compositions inédites créées par son propre cerveau et même tenter de les reproduire à son réveil. Un peintre ou un designer peut visualiser des motifs, des formes et des couleurs jamais imaginés auparavant, utilisant le rêve comme un espace d'expérimentation artistique sans limites.

La créativité dans les rêves lucides ne se limite pas aux arts ; elle s'étend également à la résolution de problèmes pratiques. Des questions qui semblent insolubles à l'état de veille peuvent trouver des réponses inattendues dans le monde onirique. Avant de s'endormir, le rêveur peut définir l'intention de résoudre un problème spécifique, en formulant une question ou un défi mental. Dans l'état lucide, il peut alors chercher la réponse directement, en demandant de l'aide à des personnages oniriques ou en explorant l'environnement du rêve à la recherche d'indices symboliques. Souvent, les solutions émergent de manière intuitive, sans nécessiter de raisonnement linéaire, car le cerveau fonctionne de manière plus libre et associative.

L'entraînement de compétences devient également une possibilité intéressante dans les rêves lucides. Des études indiquent que la pratique mentale d'activités physiques ou intellectuelles peut renforcer les connexions neuronales de façon similaire à celles formées lors de la pratique réelle. Cela signifie qu'un athlète peut améliorer ses mouvements dans le rêve, un musicien peut répéter un morceau complexe, et même une personne souhaitant développer ses compétences sociales peut s'entraîner à des interactions et des discours dans l'environnement onirique. L'esprit ne distingue pas complètement la pratique imaginée de la pratique réelle, faisant de cette stratégie un outil précieux pour l'apprentissage et le développement personnel.

Au-delà de l'amélioration des compétences, les rêves lucides peuvent être utilisés pour expérimenter de nouvelles perspectives et élargir la créativité de manières inattendues. Un exercice intéressant consiste à changer de forme dans le rêve, en adoptant le point de vue d'un animal, d'un objet ou même d'un autre être humain. Ce changement de perspective peut générer des aperçus profonds sur l'empathie, l'imagination et la compréhension du monde sous des angles différents de ceux habituels.

Une autre méthode efficace pour stimuler la créativité dans le rêve lucide est de défier les règles de l'environnement onirique. Jouer avec les lois de la physique, créer des espaces impossibles et interagir avec des concepts abstraits de manière tangible peut mener à des découvertes surprenantes. Le cerveau, libéré des limitations du monde éveillé, se met à fonctionner de manière plus fluide et innovante, offrant des expériences susceptibles d'influencer la façon dont le rêveur aborde les défis créatifs dans la vie réelle.

Tenir un journal détaillé de ses rêves est essentiel pour capter et exploiter pleinement ces expériences. De nombreuses idées brillantes peuvent sembler claires dans le rêve, mais s'évanouissent rapidement au réveil. Noter immédiatement tout aperçu, scène ou concept créatif permet de conserver ces inspirations et de les développer ultérieurement à l'état de veille.

Explorer la créativité et la résolution de problèmes dans les rêves lucides transforme chaque expérience onirique en une opportunité unique d'apprentissage et d'innovation. Que ce soit pour améliorer une compétence, trouver l'inspiration artistique ou résoudre un dilemme pratique, le monde des rêves offre un territoire infini de possibilités. Le rêveur qui apprend à naviguer consciemment dans cet espace peut débloquer des aspects profonds de son propre esprit, apportant à la réalité de nouvelles façons de penser, de créer et de résoudre les défis.

Chapitre 29
Exploration Spirituelle dans les Rêves

La conscience humaine recèle des strates qui transcendent l'expérience quotidienne, et les rêves lucides se révèlent être une voie d'accès puissante à des états de perception élargis. En s'éveillant au sein même du rêve, l'individu se trouve face à un territoire vaste et illimité, où les frontières entre le réel et le symbolique s'estompent. Dans cet espace, des questions existentielles peuvent être explorées en profondeur, révélant des intuitions qui échappent à la pensée logique de l'état de veille. Depuis des temps immémoriaux, les traditions spirituelles considèrent les rêves comme des portails vers d'autres dimensions de l'être, un moyen de communication avec des aspects plus subtils de la réalité, et même un outil pour atteindre des niveaux supérieurs de conscience. Lorsque le rêveur acquiert la lucidité et dirige son expérience avec intention, il peut plonger dans ce potentiel transformateur, accédant à des enseignements cachés et élargissant sa compréhension de lui-même et de l'univers.

Parmi les expériences les plus marquantes rapportées par ceux qui utilisent les rêves lucides pour l'exploration spirituelle, figure la rencontre avec des figures de sagesse. Ces personnages, souvent décrits comme des maîtres, des guides ou des êtres lumineux, semblent posséder une connaissance qui transcende le rêveur lui-même. Le dialogue avec ces entités peut apporter des conseils profonds, des réponses énigmatiques, ou simplement la sensation d'un contact avec quelque chose de plus grand. De plus, de nombreux pratiquants vivent des moments de paix intense et de connexion, où le sentiment d'individualité se dissout, laissant place à une perception élargie de l'existence. Cette expérience d'unité, semblable aux états méditatifs les plus profonds, suggère que les rêves peuvent servir de pont entre l'esprit personnel et une conscience plus vaste, qu'elle soit interprétée comme spirituelle, cosmique, ou simplement un niveau plus profond de la psyché.

Une autre facette fascinante de l'exploration spirituelle dans les rêves lucides est la sensation de franchir des portails et d'accéder à des réalités inconnues. Certains rêveurs décrivent l'entrée dans des temples grandioses, des cités éthérées ou des paysages d'une beauté indescriptible, qui semblent renfermer une sagesse silencieuse. D'autres relatent des rencontres avec des êtres chers décédés, expériences qui peuvent apporter réconfort et éclaircissement sur la continuité de l'existence. Quelle que soit l'interprétation de ces vécus – manifestations de l'inconscient, expériences mystiques ou voyages vers d'autres plans –, ils laissent des traces profondes dans la perception du rêveur. Ainsi, les rêves lucides deviennent non seulement un espace d'exploration intérieure, mais aussi un outil pour repousser les frontières de la réalité connue, conduisant l'individu vers de nouvelles façons de se comprendre et de comprendre le mystère de l'existence.

L'une des formes les plus courantes de quête spirituelle dans les rêves lucides est la rencontre avec des guides ou des maîtres. De nombreuses personnes rapportent qu'en devenant conscientes dans un rêve, elles rencontrent des figures qui semblent posséder une sagesse supérieure. Ces guides peuvent apparaître sous la forme de vieillards, d'êtres de lumière, d'animaux symboliques, ou même de figures connues, comme des professeurs et des mentors. Pour ceux qui souhaitent vivre ce type d'expérience, la clé réside dans l'intention. Avant de s'endormir, il est possible de programmer l'esprit pour rechercher une rencontre significative dans le rêve, en formulant une demande claire, telle que : "Je souhaite rencontrer un guide qui puisse m'enseigner quelque chose d'important". Une fois lucide, il suffit de renforcer cette intention et de laisser l'expérience se dérouler naturellement.

Une autre expérience fréquemment rapportée dans les rêves lucides spirituels est la sensation d'unité et de dissolution de l'ego. Certains rêveurs décrivent des moments où toute la structure du rêve disparaît, ne laissant subsister qu'une immensité de lumière, un sentiment profond de paix, ou une conscience pure sans forme définie. Cette expérience s'apparente à des états méditatifs profonds et peut apporter une sensation de connexion avec quelque chose de plus grand, quelles que soient les croyances individuelles du rêveur. Dans des traditions telles que le bouddhisme tibétain, cette expérience est considérée comme un aperçu de la véritable nature de l'esprit, un état au-delà des illusions et des projections du monde matériel.

La possibilité d'utiliser les rêves lucides pour chercher des réponses à des questions existentielles est également un aspect fascinant de ce voyage. Dans le rêve, le rêveur peut poser des questions directement à l'univers onirique, telles que : "Quel est le but de ma vie ?" ou "Que dois-je apprendre en ce moment ?". Les réponses peuvent surgir de manières inattendues, que ce soit à travers les paroles de personnages, des symboles, ou des événements qui se produisent au fil du rêve. Le plus intéressant est que ces réponses apportent souvent des perceptions auxquelles le rêveur n'aurait peut-être pas pu accéder consciemment à l'état de veille.

Certaines personnes rapportent également des expériences qu'elles interprètent comme des rencontres avec des êtres chers décédés. Dans le rêve, ces figures apparaissent souvent pleines de paix et offrent des messages de réconfort ou d'adieu. Bien qu'il existe diverses explications possibles pour ce phénomène – des projections du subconscient à la possibilité d'un contact authentique, selon les croyances de chacun –, le fait est que ces interactions sont généralement chargées d'émotion et laissent une sensation durable de connexion et de compréhension.

La sensation de franchir des portails ou de visiter d'autres réalités est également un thème récurrent chez ceux qui explorent les rêves lucides avec un regard spirituel. Certaines personnes relatent l'entrée dans des temples grandioses, des cités inconnues, ou des paysages qui semblent exister au-delà du monde imaginé par le rêveur lui-même. Il existe des récits de rencontres avec des êtres inconnus, d'accès à des bibliothèques de savoir infini, ou même d'expériences de vol dans l'espace, avec le sentiment de faire partie de l'univers. Pour ceux qui croient en des réalités au-delà du physique, ces voyages peuvent être interprétés comme des explorations d'autres plans dimensionnels. Pour ceux qui préfèrent une vision plus psychologique, ce sont des manifestations profondes de l'imagination et de la psyché. Quelle que soit l'interprétation, ces expériences laissent généralement une impression marquante dans l'esprit du rêveur.

La pratique de définir des intentions spirituelles avant de s'endormir peut augmenter la fréquence de ce type de rêve. Prier, méditer, ou simplement mentaliser un désir sincère d'apprentissage avant de s'endormir crée un état mental propice à la survenue de ces expériences. De plus, pendant le rêve, cultiver une attitude de respect et d'humilité face aux événements peut rendre les interactions plus profondes et significatives.

Les rêves lucides offrent un territoire illimité pour l'exploration du moi intérieur et des grandes questions de l'existence. Que ce soit dans la quête de réponses, la rencontre avec des guides, ou l'expérience directe de la conscience pure, cette pratique permet au rêveur d'élargir sa perception de la réalité et de ce que signifie être éveillé, tant à l'intérieur qu'à l'extérieur des rêves. Ce qui est découvert dans cet espace varie en fonction de l'esprit et des croyances de chacun, mais une chose est sûre : ceux qui s'aventurent sur ce chemin en reviennent rarement inchangés.

Chapitre 30
Le Yoga du Rêve Tibétain en Pratique

La pratique du Yoga du Rêve, ancrée dans les traditions tibétaines millénaires, offre une voie profonde de connaissance de soi et d'épanouissement spirituel, bien au-delà de la simple expérience de la conscience dans les rêves. Contrairement à l'approche moderne des rêves lucides, souvent axée sur le contrôle onirique et l'exploration créative, cette tradition met l'accent sur la lucidité comme moyen de s'éveiller à la véritable nature de l'esprit et de la réalité. Dans le bouddhisme tantrique et la tradition Bön, les rêves sont considérés comme des manifestations de la conscience elle-même, et apprendre à les naviguer avec une attention pleine et entière peut conduire à la libération des illusions qui limitent la perception dans l'état de veille. Ainsi, la pratique n'améliore pas seulement la clarté dans les rêves, mais renforce également la présence et le discernement dans la vie quotidienne, favorisant un état continu d'attention et de sagesse.

Le fondement du Yoga du Rêve réside dans la compréhension que la réalité éveillée et les rêves partagent une caractéristique essentielle : ils sont tous deux impermanents et façonnés par l'esprit. Tout comme nous acceptons des scénarios irréels pendant le sommeil sans les remettre en question, nous réagissons souvent mécaniquement aux événements de la vie, prisonniers de schémas automatiques de pensée et d'émotion. L'entraînement onirique cherche à briser cette inconscience habituelle, en enseignant au pratiquant à reconnaître la fluidité de l'existence et la nature changeante de l'expérience. En développant la lucidité dans les rêves, la personne exerce sa capacité à rester éveillée également dans la vie éveillée, percevant les événements avec plus de clarté et réduisant la souffrance causée par l'attachement et l'aversion. Ce processus conduit à un état de présence élargie, dans lequel la réalité n'est plus vécue comme un flux incontrôlable d'événements, mais comme un espace de conscience où il est possible d'agir avec plus d'équilibre et de discernement.

Au-delà de l'amélioration de la lucidité, la pratique implique un approfondissement progressif de l'exploration de l'esprit. Des techniques avancées incluent la dissolution complète du rêve pour expérimenter la conscience pure, la modification délibérée de sa propre forme ou l'interaction avec des personnages oniriques tels que des maîtres spirituels. Ces expériences sont considérées comme des préparations précieuses pour le moment de la mort, où, selon les enseignements tibétains, la conscience entre dans un état intermédiaire semblable au rêve. Celui qui a appris à maintenir la lucidité dans les rêves serait plus apte à traverser cette transition avec clarté et sérénité. Ainsi, le Yoga du Rêve n'est pas seulement une pratique onirique, mais un chemin vers l'illumination, entraînant l'esprit à reconnaître sa véritable nature et à se libérer des illusions qui l'attachent à la souffrance.

Le cœur de cette tradition repose sur l'idée que la réalité quotidienne n'est pas si différente des rêves. Tout comme dans l'état onirique nous acceptons des situations irréelles sans les remettre en cause, dans l'état de veille nous réagissons souvent de manière automatique aux événements, sans nous rendre compte que nous sommes immergés dans une construction mentale. En cultivant la lucidité dans les rêves, le pratiquant entraîne son esprit à être tout aussi éveillé dans la vie de tous les jours, reconnaissant l'impermanence des expériences et l'influence de son propre esprit sur la réalité.

Les premiers pas de cette pratique consistent à cultiver le souvenir des rêves et à développer la lucidité de manière systématique. Des techniques telles que la tenue d'un journal de rêves et la réalisation de tests de réalité tout au long de la journée sont des outils fondamentaux pour renforcer la conscience onirique. De plus, les enseignements tibétains soulignent l'importance de cultiver une intention claire avant de s'endormir. Pendant la période précédant le sommeil, le pratiquant peut méditer sur l'impermanence du monde ou répéter mentalement un mantra, renforçant ainsi sa détermination à reconnaître le rêve lorsqu'il se produit.

Une fois lucide dans le rêve, l'étape suivante consiste à maintenir la stabilité et à observer consciemment les phénomènes oniriques sans se laisser emporter par les distractions ou les émotions intenses. Plutôt que d'essayer de contrôler le rêve ou de le modeler selon sa propre volonté, le pratiquant est encouragé à rester conscient de l'expérience sans s'y attacher, reconnaissant sa nature illusoire. Ce processus renforce la capacité à maintenir un état de présence et d'attention pleine et entière, tant dans les rêves que dans la vie éveillée.

Un autre aspect important du Yoga du Rêve est l'expérimentation délibérée avec l'environnement onirique pour approfondir la compréhension de l'esprit. Le pratiquant peut essayer de traverser des objets, de changer de forme ou même de dissoudre complètement le décor qui l'entoure, observant ce qui se passe lorsque toutes les images disparaissent. Dans certaines traditions, on croit que cette dissolution du rêve conduit à un état de pure conscience, semblable à celui que l'on expérimente pendant la méditation profonde.

Au-delà de l'exploration des rêves en eux-mêmes, le Yoga du Rêve est lié à une pratique plus large qui consiste à maintenir un état de lucidité tout au long de la journée. Le concept de "rêver éveillé" est fondamental dans cette tradition, encourageant le pratiquant à questionner constamment la nature de la réalité et à cultiver un état de présence continue. Cet entraînement renforce la conscience non seulement dans les rêves, mais aussi dans l'état de veille, permettant à l'esprit de devenir plus clair et équilibré face aux défis quotidiens.

Dans le bouddhisme tibétain, on croit que cette pratique prépare également l'esprit à la mort et à l'état intermédiaire connu sous le nom de bardo. Tout comme dans le rêve, la transition entre la vie et la mort est considérée comme un moment de grande malléabilité mentale, où la conscience peut être influencée par des habitudes et des schémas profonds. Celui qui a appris à maintenir la lucidité dans les rêves serait, selon cette vision, mieux préparé à traverser cette transition avec clarté et conscience.

Les méthodes du Yoga du Rêve impliquent non seulement des techniques pratiques, mais aussi un entraînement mental basé sur la discipline et l'intention. En plus de tenir un journal de rêves et d'établir des intentions avant de dormir, le pratiquant peut adopter des exercices de visualisation, s'imaginant dans un rêve alors qu'il est éveillé, renforçant ainsi la connexion entre les états de veille et de sommeil. La répétition de mantras spécifiques avant de s'endormir est également un élément central de la tradition, aidant à diriger l'esprit vers un état de lucidité naturelle.

L'application de cette pratique dans la vie quotidienne va au-delà des rêves lucides. L'entraînement continu à reconnaître la nature illusoire des expériences conduit à une plus grande légèreté face aux événements, réduisant la souffrance causée par l'attachement et l'aversion. La perception de la vie comme un rêve ne signifie pas nier son importance, mais plutôt apprendre à interagir avec elle de manière plus consciente et équilibrée.

Ceux qui se consacrent à cette discipline rapportent souvent une augmentation de la clarté mentale, de l'intuition et du sentiment de connexion à quelque chose de plus grand. Qu'il soit considéré comme une pratique spirituelle ou simplement comme un moyen d'approfondir la compréhension de l'esprit, le fait est que le Yoga du Rêve offre un chemin unique pour élargir la conscience et transformer la façon dont nous vivons, tant dans les rêves qu'en dehors d'eux.

Chapitre 31
Expériences Hors du Corps

Les expériences hors du corps représentent l'un des phénomènes les plus intrigants de l'exploration de la conscience humaine, défiant les frontières entre la perception subjective et la réalité objective. Des récits à travers l'histoire, provenant de diverses traditions spirituelles et d'investigations modernes, indiquent que la conscience peut se dissocier temporairement du corps physique, permettant à l'individu une sensation vivide de déplacement vers différents environnements, dimensions ou états d'existence. Cette expérience singulière est souvent décrite avec un réalisme impressionnant, procurant une perception sensorielle nette et, souvent, un profond impact émotionnel et philosophique. Alors que certaines personnes vivent cette séparation spontanément, d'autres recherchent des méthodes spécifiques pour l'induire, que ce soit par des techniques méditatives, de relaxation profonde ou des pratiques liées aux rêves lucides. La fascination pour ce phénomène réside autant dans l'expérience elle-même que dans ses implications, qui remettent en question des conceptions établies sur l'esprit, la conscience et la nature même de la réalité.

La distinction entre la projection astrale et les états oniriques avancés, comme le rêve lucide, est une question largement débattue entre les spécialistes du sujet et les praticiens expérimentés. Alors que les rêves lucides se produisent dans un contexte onirique reconnu comme étant façonné par le subconscient, les expériences hors du corps sont fréquemment décrites comme des événements de perception élargie, dans lesquels l'individu a la nette impression d'interagir avec un environnement indépendant de son propre esprit. Beaucoup rapportent observer leur corps endormi d'un point de vue extérieur, se déplacer dans des espaces familiers ou inconnus et, dans certains cas, rencontrer des présences ou des entités qui semblent avoir leur propre existence. Ces descriptions conduisent certains chercheurs à envisager la possibilité que le phénomène soit plus qu'une construction cérébrale, suggérant qu'il pourrait impliquer des aspects encore incompris de la conscience humaine. Cependant, la science traditionnelle tend à expliquer ces expériences comme des manifestations d'états modifiés de perception, influencées par des processus neurologiques tels que la paralysie du sommeil, les hallucinations hypnagogiques et les dynamiques du cortex cérébral pendant la transition entre l'éveil et le sommeil.

Indépendamment des explications, l'expérience subjective des projections hors du corps a un impact profond sur ceux qui la vivent. Beaucoup rapportent un intense sentiment de liberté, une expansion de la perception et, dans certains cas, des transformations dans leur vision du monde et leurs croyances personnelles. Pour certains, la projection astrale représente un voyage spirituel authentique, un moyen d'accéder à des connaissances cachées ou d'explorer des réalités au-delà du plan physique. Pour d'autres, il s'agit d'un champ d'exploration psychologique, où l'étude de la conscience révèle de nouvelles couches de l'esprit humain. Quelle que soit l'interprétation, les expériences hors du corps continuent d'intriguer, d'inspirer et de défier la compréhension conventionnelle de la réalité, encourageant ceux qui s'intéressent au sujet à approfondir leurs recherches et leur pratique, explorant les mystères de la conscience avec un esprit ouvert et un discernement critique.

La principale différence entre les rêves lucides et les expériences hors du corps réside dans la perception de la réalité pendant l'événement. Dans le rêve lucide, le rêveur prend conscience qu'il rêve, mais reconnaît généralement que l'environnement qui l'entoure est une création du subconscient. Dans la projection astrale, la sensation est souvent celle d'une séparation totale du corps physique, accompagnée d'une netteté sensorielle intense et de l'impression de se trouver dans un environnement qui existe indépendamment de l'esprit du projecteur. Cet état commence fréquemment par des sensations particulières, comme des vibrations dans le corps, un bourdonnement dans les oreilles ou l'impression d'être tiré hors de soi-même.

De nombreux récits de projection astrale commencent dans la phase intermédiaire entre le sommeil et l'éveil, en particulier lorsque la personne se réveille au milieu de la nuit, mais garde le corps détendu et immobile. Des sensations de flottement, de paralysie temporaire ou même l'impression de tourner sur soi-même sont courantes avant la supposée séparation de la conscience. Certains décrivent un moment de transition où ils se sentent se lever du lit et observer leur propre corps endormi, ce qui renforce la conviction qu'ils sont bien hors de leur corps physique.

L'une des plus grandes difficultés pour ceux qui recherchent ce type d'expérience est la peur. La sensation de détachement peut être intense et inattendue, conduisant beaucoup à se réveiller brusquement avant d'achever la séparation. La peur de ne pas pouvoir retourner dans son corps ou de rencontrer des présences inconnues peut bloquer le processus. Cependant, ceux qui approfondissent cette pratique rapportent fréquemment que l'expérience est sûre et contrôlable, et qu'il suffit de l'intention de revenir au corps pour que cela se produise instantanément.

La navigation pendant la projection astrale est décrite comme différente de celle des rêves lucides. Beaucoup affirment qu'au lieu de marcher ou de manipuler le décor consciemment, ils se déplacent par l'intention, se contentant de penser à une destination pour y être transportés. Certains décrivent des visites de lieux connus, tandis que d'autres affirment accéder à des environnements inconnus, tels que des villes mystérieuses, des temples ou des paysages interdimensionnels. Il existe également des récits de rencontres avec des entités ou des êtres qui semblent avoir leur propre conscience, ce qui soulève des questions sur la nature du plan dans lequel ils se trouvent.

Les interprétations de la projection astrale varient considérablement. Certaines traditions spirituelles affirment que la conscience se sépare réellement du corps physique et voyage vers d'autres plans d'existence. Du point de vue scientifique, il existe des explications alternatives, comme l'hypothèse que ces expériences soient des états modifiés de conscience générés par le cerveau, semblables à des hallucinations hypnagogiques ou à une forme avancée de rêve lucide. Des études suggèrent que certaines zones du cerveau liées à la perception de l'espace et du corps peuvent créer l'illusion d'être hors de soi, en particulier dans des états de relaxation profonde ou pendant la paralysie du sommeil.

Quelle que soit l'explication, ce qui compte pour le praticien, c'est l'expérience elle-même. Beaucoup rapportent que les projections apportent un profond sentiment de liberté, d'introspection et d'expansion de la conscience. Pour ceux qui souhaitent expérimenter ce phénomène, certaines techniques peuvent être appliquées. Garder son calme en ressentant les vibrations initiales, éviter de bouger le corps physique en percevant la transition et se concentrer sur l'intention de se projeter sont des pratiques recommandées. De plus, la visualisation d'un lieu souhaité ou la répétition d'une commande mentale, telle que "Maintenant, je vais me projeter", peuvent aider à induire l'expérience.

Ceux qui explorent les rêves lucides se demandent souvent si les expériences hors du corps ne sont qu'un niveau plus profond de la lucidité onirique ou si elles représentent réellement quelque chose de plus. Bien qu'il n'y ait pas de consensus définitif, la réalité est que les deux phénomènes peuvent être entraînés et améliorés, permettant au praticien d'élargir sa perception et de découvrir, par lui-même, les limites et les possibilités de la conscience. L'important est de garder un esprit ouvert, de consigner les expériences et d'explorer ce territoire inconnu avec curiosité et discernement, en permettant à chaque voyage d'offrir de nouveaux apprentissages et des éclairages sur la nature même de la réalité.

Chapitre 32
Intégrer Rêve et Réalité

L'éveil de la conscience atteint son plein potentiel lorsqu'il transcende les frontières du sommeil pour s'étendre à l'état de veille, transformant ainsi la perception quotidienne en un état de lucidité continue. Ce même regard interrogateur qui ouvre la porte aux rêves lucides peut être dirigé vers la réalité éveillée, favorisant une compréhension plus profonde de notre propre existence. La vie, souvent vécue en mode automatique, devient alors un terrain d'exploration active, où chaque instant se charge d'une signification plus riche et où chaque expérience peut être façonnée par une attention consciente.

Intégrer la lucidité onirique au quotidien, c'est vivre avec plus de présence, reconnaître les schémas de pensée automatiques et développer une relation plus intentionnelle avec son propre esprit. Ce processus permet non seulement d'élargir notre perception, mais aussi de transformer en profondeur notre manière d'interagir avec le monde.

La relation entre rêve et réalité est plus fluide qu'il n'y paraît, car tous deux sont des constructions de la conscience et dépendent de la manière dont ils sont interprétés. Dans l'état onirique, l'esprit crée spontanément des scénarios et des événements, en réponse aux émotions et aux pensées du rêveur. De même, à l'état de veille, nos perceptions sont filtrées par nos croyances, nos attentes et nos conditionnements internes, modelant ainsi l'expérience de chacun.

En prenant conscience de cette influence de l'esprit sur la réalité, il devient possible de remettre en question les automatismes et d'adopter une posture plus active face à la vie. De petits changements de perception peuvent modifier la façon dont nous abordons les défis, dont nous vivons nos relations et dont le sens même de notre existence se révèle. Lorsque la lucidité dépasse les limites du rêve pour imprégner le quotidien, l'expérience de la réalité devient plus malléable, plus dynamique et plus accessible à notre influence consciente.

L'intégration entre lucidité onirique et conscience éveillée ne se limite pas à reconnaître les similitudes entre rêve et veille. Il s'agit d'utiliser les apprentissages des rêves lucides pour transformer notre manière de vivre. Le sentiment de contrôle et de créativité que l'on éprouve en rêve peut être appliqué à la recherche de solutions innovantes, au dépassement de blocages émotionnels et à la construction d'une vie plus authentique et significative.

La pratique consistant à questionner la réalité, à maintenir une attention pleine et à observer son propre esprit sans s'identifier aux pensées automatiques permet d'atteindre un état de présence continue. La vie, autrefois perçue comme rigide et prévisible, se révèle alors souple et pleine de possibilités, permettant à chacun de jouer un rôle plus conscient dans la construction de son propre chemin.

La plupart des gens vivent en pilote automatique, réagissant aux événements sans questionner profondément la nature de leurs expériences. De même que, dans nos rêves, nous acceptons des événements absurdes sans les remettre en question, dans la vie éveillée, nous traversons souvent des situations sans y prêter réellement attention, absorbés par des pensées automatiques et des distractions. La pratique de la lucidité propose une approche différente, basée sur la pleine conscience et la reconnaissance de l'impermanence des expériences.

L'un des premiers pas pour intégrer les enseignements des rêves lucides à la vie éveillée consiste à cultiver la même curiosité et le même esprit critique qui éveillent la conscience dans les rêves. Se demander régulièrement "Suis-je en train de rêver ?" tout au long de la journée augmente non seulement les chances d'acquérir de la lucidité en rêve, mais apprend également à l'esprit à observer la réalité avec plus de clarté. Cette pratique développe un état de présence plus profond, où chaque instant est vécu de manière plus consciente et délibérée.

L'observation des schémas mentaux et émotionnels est également un outil essentiel pour vivre de manière plus lucide. Dans les rêves, les émotions influencent directement le décor et les événements. De même, à l'état de veille, les pensées et les états émotionnels façonnent notre perception de la réalité. Une personne constamment en proie à des pensées négatives ou anxieuses fera l'expérience d'un monde filtré par ces émotions. Développer la capacité de reconnaître et de remettre en question ces schémas permet une plus grande liberté et un meilleur contrôle sur la manière dont nous répondons aux défis de la vie.

La créativité et la flexibilité mentale cultivées dans les rêves lucides peuvent également être transposées à l'état de veille. Dans le monde onirique, le rêveur découvre qu'il peut modifier les décors, surmonter les obstacles et créer des expériences impossibles. Bien que les lois du monde physique soient plus rigides, l'esprit reste le principal outil d'interprétation de la réalité. Lorsque l'on apprend à considérer la vie comme un espace d'expérimentation, il devient plus facile de trouver des solutions innovantes aux problèmes, de s'adapter aux changements et de percevoir des opportunités là où l'on voyait auparavant des limites.

La pratique de la gratitude et de l'appréciation du moment présent se renforce également avec l'entraînement à la lucidité. De nombreuses personnes qui commencent à faire des rêves lucides rapportent une admiration nouvelle pour le monde éveillé, percevant des détails auparavant ignorés, ressentant des couleurs plus vives et se connectant aux petites merveilles du quotidien. Cet état de présence et d'enchantement peut être cultivé consciemment, rendant chaque expérience plus significative.

Un autre aspect important de la vie lucide est la connaissance de soi. Les rêves révèlent beaucoup sur notre psyché, mettant en lumière nos désirs, nos peurs et nos schémas internes. De même, la vie éveillée peut être utilisée comme un miroir pour mieux comprendre qui nous sommes. Observer nos réactions, analyser nos pensées récurrentes et rechercher la cause de nos émotions peut conduire à un niveau plus profond de compréhension et de transformation personnelle.

L'idée que la réalité est aussi malléable que les rêves ne signifie pas que le monde physique puisse être manipulé de la même manière qu'un décor onirique, mais plutôt que notre perception de la vie peut être ajustée à mesure que notre conscience s'étend. Lorsqu'une personne réalise que son esprit influence directement son expérience du monde, elle devient plus responsable de sa propre réalité, apprenant à diriger son attention et son énergie vers ce qu'elle souhaite créer.

Vivre lucidement ne signifie pas seulement rechercher des expériences extraordinaires dans les rêves, mais plutôt s'éveiller à la profondeur et à la richesse de notre propre existence. Chaque instant peut être vécu avec plus de présence, chaque défi peut être abordé avec plus de conscience et chaque choix peut être fait en accord avec ce qui compte vraiment. La pratique des rêves lucides est une invitation à envisager la vie de manière plus éveillée, en reconnaissant que, comme dans nos rêves, nous sommes les créateurs de notre propre voyage.

Chapitre 33
Maîtrise des Rêves et Prochaines Étapes

L'exploration des rêves lucides atteint sa véritable signification lorsqu'elle se transforme en un voyage continu de découverte de soi, transcendant la simple curiosité pour devenir un outil puissant de développement personnel. La conscience acquise dans les états oniriques révèle non seulement les mécanismes cachés de l'esprit, mais enseigne également de précieuses leçons sur la perception, le contrôle et la nature de la réalité. À chaque expérience lucide, le pratiquant approfondit sa relation avec le subconscient, débloque des potentiels créatifs et élargit sa compréhension de soi. La maîtrise des rêves n'est pas un objectif à atteindre, mais un processus en constante évolution, où chaque nuit représente une nouvelle opportunité d'apprentissage et d'expérimentation. Plutôt que de considérer la maîtrise des rêves comme une fin, il faut la voir comme une invitation à explorer les mystères de la conscience avec curiosité, discipline et ouverture à l'inattendu.

La pratique continue de la lucidité onirique exige un équilibre entre technique et spontanéité, permettant à l'expérience de se développer naturellement sans contraintes rigides. Tenir un journal de rêves demeure une stratégie essentielle, car il aide à renforcer la mémoire onirique et à identifier des schémas qui peuvent être utilisés pour induire la lucidité. De plus, cultiver la pleine conscience à l'état de veille renforce l'habitude de questionner la réalité, augmentant ainsi la capacité de reconnaître les moments où l'on est en train de rêver. Pour ceux qui cherchent à approfondir leurs connaissances, l'échange d'expériences avec d'autres rêveurs lucides peut offrir de nouvelles perspectives et une motivation pour continuer à progresser. Forums, groupes d'étude et récits partagés contribuent à diversifier les approches et à surmonter les défis communs dans le voyage de la lucidité.

Les voies pour explorer le potentiel des rêves lucides sont variées et adaptables aux intérêts individuels. Certains peuvent les utiliser comme source d'inspiration artistique, transformant images et récits oniriques en musique, peinture ou littérature. D'autres peuvent se concentrer sur l'application thérapeutique, explorant traumatismes et défis émotionnels dans un environnement sûr et malléable. Il y a aussi ceux qui voient les rêves lucides comme un outil spirituel, un moyen d'accéder à des états de conscience élargis et d'approfondir leur connexion avec des aspects plus subtils de l'existence. Quel que soit le but, l'expérience de la lucidité dans les rêves transcende la nuit, influençant directement la façon dont on vit le jour. La conscience acquise dans le monde onirique se reflète dans la réalité éveillée, la rendant plus vibrante, significative et susceptible de transformation. Le rêveur qui comprend cette connexion réalise que la véritable maîtrise ne consiste pas seulement à contrôler les rêves, mais à utiliser cette connaissance pour s'éveiller, de manière plus profonde, à sa propre vie.

La maîtrise des rêves n'est pas une destination finale, mais un processus continu de découverte. Chaque nuit apporte de nouvelles opportunités d'explorer l'esprit et d'approfondir la connexion avec le subconscient. Certaines personnes auront la facilité d'atteindre la lucidité fréquemment, tandis que d'autres auront besoin de plus de temps pour perfectionner leurs compétences. L'essentiel est de maintenir la pratique vivante, même pendant les périodes où les rêves lucides semblent moins fréquents. La constance est la clé pour faire de la lucidité un phénomène naturel et récurrent.

Tenir un journal de rêves restera l'une des habitudes les plus précieuses dans ce voyage. Le simple fait d'enregistrer les expériences nocturnes renforce la mémoire onirique et permet de reconnaître des schémas récurrents, facilitant ainsi l'induction de la lucidité. De plus, la révision des enregistrements antérieurs peut apporter des aperçus précieux sur les changements émotionnels et psychologiques au fil du temps, transformant le journal de rêves en une véritable carte de l'esprit subconscient.

Le développement de la pleine conscience dans la vie éveillée reste également un facteur essentiel pour l'évolution de la pratique. Plus on est conscient pendant la journée, plus il sera facile de transposer cette clarté dans l'état onirique. La pratique de la présence, de l'observation des pensées et du questionnement de la réalité augmente non seulement la fréquence des rêves lucides, mais améliore également la qualité de vie, réduisant la sensation de vivre en pilote automatique et apportant plus de sens aux expériences quotidiennes.

Pour ceux qui souhaitent approfondir encore plus leurs études, explorer des communautés de rêveurs lucides peut être une expérience enrichissante. Forums, groupes de discussion et rencontres sur le sujet réunissent des personnes qui partagent le même intérêt et qui peuvent offrir des conseils, des récits et de nouvelles perspectives sur la pratique. Partager des expériences et apprendre d'autres pratiquants aide à maintenir la motivation et à découvrir des approches qui n'auraient peut-être pas été envisagées auparavant.

L'exploration des rêves peut suivre différents chemins, selon les intérêts de chacun. Certains peuvent souhaiter se concentrer sur la créativité, utilisant les rêves lucides comme source d'inspiration pour des projets artistiques, musicaux ou littéraires. D'autres peuvent approfondir l'aspect thérapeutique, travaillant sur des émotions refoulées et utilisant l'environnement onirique pour surmonter peurs et défis intérieurs. Il y a aussi ceux qui se sentent attirés par la dimension spirituelle de l'expérience, utilisant les rêves lucides comme un moyen de méditation avancée, de recherche de sens ou même d'exploration d'états modifiés de conscience.

Quel que soit l'objectif, l'approche la plus efficace est toujours celle qui équilibre discipline et légèreté. Forcer la lucidité ou transformer les rêves en une obligation peut créer de l'anxiété et nuire à l'expérience. Le meilleur chemin est de maintenir une attitude de curiosité et d'expérimentation, permettant aux rêves de se développer naturellement tout en appliquant les techniques apprises. Certaines nuits seront plus intenses et remplies de lucidité, d'autres n'apporteront que peu ou pas de souvenirs, mais chacune d'entre elles fait partie du processus de perfectionnement.

La connexion entre les rêves et la vie éveillée devient de plus en plus évidente à mesure que la pratique progresse. Tout comme dans le monde onirique, où la conscience permet de modifier les scénarios et d'interagir avec les événements de manière active, la réalité éveillée peut également être transformée à mesure que l'on développe un plus grand contrôle sur ses pensées, ses émotions et ses actions. La perception de la vie comme un flux dynamique de possibilités se renforce, permettant à chacun de devenir non seulement un maître de ses propres rêves, mais aussi un créateur conscient de sa propre réalité.

Le voyage vers la maîtrise des rêves ne fait que commencer. Chaque nuit est une nouvelle opportunité d'explorer, d'apprendre et de grandir. Chaque réveil, une chance d'appliquer les enseignements acquis dans les rêves pour vivre avec plus de présence et d'authenticité. Le chemin continue, et le rêveur qui a compris son potentiel ne verra plus jamais ses propres rêves – et sa propre vie – de la même manière.

Épilogue

Et alors, que reste-t-il lorsque les lumières du rêve s'éteignent et que les yeux s'ouvrent à la veille ? Que demeure-t-il lorsque l'univers onirique se dissout dans l'éther et que nous retournons sur la scène familière de la réalité éveillée ?

Vous avez entrepris un voyage profond à travers le vaste territoire de la conscience. Vous avez voyagé à travers les mystères des rêves lucides, exploré les techniques des anciens et de la science moderne, appris à distinguer l'illusion de la réalité et, peut-être, avez-vous ressenti dans votre chair l'extase incomparable de vous éveiller au sein d'un rêve. Mais maintenant, en arrivant à la fin de ces pages, la question qui résonne n'est pas de savoir ce qui a été appris, mais plutôt ce qui sera fait de cette connaissance.

Les rêves ont toujours été là, murmurant des vérités cachées pendant que vous dormiez. Mais maintenant, vous pouvez les voir avec des yeux nouveaux. Maintenant, vous savez qu'ils ne sont pas seulement des images éphémères qui se dissolvent à l'aube. Ce sont des miroirs, des portails, des outils puissants qui façonnent non seulement les nuits, mais aussi les jours. Car ce qui se passe dans le royaume onirique ne reste pas isolé – il résonne au cœur de l'esprit, reconfigure les croyances, dissipe les peurs et ouvre les portes à une compréhension plus profonde de qui nous sommes.

Celui qui maîtrise ses rêves ne contrôle pas seulement un fantasme nocturne – il façonne sa propre réalité. Car l'esprit qui s'éveille dans le rêve est le même qui s'éveille à la vie. Si dans les rêves nous pouvons défier les lois de la physique, transcender les limites et manifester notre volonté, alors qu'est-ce qui nous empêche d'appliquer ce même principe au monde éveillé ?

La limite a toujours été dans la croyance.

Et la croyance peut être transformée.

La compréhension de l'univers onirique nous enseigne que la réalité est plus flexible que nous ne l'imaginons. Que ce que nous jugeons immuable peut, en vérité, être modelé. Si, au sein d'un rêve lucide, nous pouvons apprendre à transformer la peur en courage, le doute en conviction et la fuite en maîtrise, alors pourquoi ne pourrions-nous pas faire de même avec nos vies ?

La pratique du rêve lucide n'est pas seulement un outil pour vivre des aventures impossibles, mais un entraînement pour la conscience. C'est une expansion de l'être, une invitation à remettre en question les limitations auto-imposées, une opportunité d'intégrer la veille et le sommeil dans un état de pleine conscience continu. Lorsque nous comprenons que nous sommes créateurs dans le rêve, nous commençons à soupçonner que nous sommes également créateurs en dehors de celui-ci.

Et c'est là la grande révélation.

La barrière entre le réel et l'illusoire est plus ténue que nous ne le pensons. Tout comme nous apprenons à questionner la nature des rêves, nous pouvons apprendre à questionner les histoires que nous nous racontons sur notre propre existence. Ce que nous acceptons comme vérité absolue peut être aussi changeant qu'un décor onirique. Ce qu'on nous a dit être impossible peut se révéler n'être qu'une croyance mal orientée.

Vous possédez maintenant les clés. Vous savez comment vous éveiller dans le rêve et en prendre le contrôle. Mais il y a un éveil encore plus grand qui vous attend : celui qui se produit au sein de votre propre vie.

La réalité n'est pas fixe.

L'esprit est infini.

Et le rêve...

Le rêve ne se termine jamais.

Il se déploie à chaque nuit, à chaque pensée, à chaque choix. Il continue, que vous dormiez ou que vous marchiez dans le monde éveillé. Car ceux qui apprennent à rêver consciemment apprennent aussi à vivre consciemment.

Et ce n'est que le commencement.

www.ingramcontent.com/pod-product-compliance
Lightning Source LLC
LaVergne TN
LVHW040054080526
838202LV00045B/3630